Diógenes Dantas Filho

A Inteligência a Seu Alcance

EDITORA CIÊNCIA MODERNA

Editor: Paulo André P. Marques
Produção Editorial: Aline Vieira Marques
Assistente Editorial: Amanda Lima da Costa
Capa: Carlos Arthur Candal
Diagramação: Carlos Arthur Candal
Copidesque: Lorena Fernandes

FICHA CATALOGRÁFICA

FILHO, Diógenes Dantas.

A Inteligência a seu Alcance.

Rio de Janeiro: Editora Ciência Moderna Ltda., 2013.

1. Segurança Pública. 2.Segurança Privada.
I — Título

ISBN: 978-85-399-0478-5

CDD 363.3
658.38

Editora Ciência Moderna Ltda.
R. Alice Figueiredo, 46 – Riachuelo
Rio de Janeiro, RJ – Brasil   CEP: 20.950-150
Tel: (21) 2201-6662/ Fax: (21) 2201-6896
E-MAIL: LCM@LCM.COM.BR
WWW.LCM.COM.BR

10/13

Dedicatória

Dedico este livro a todas as famílias, em especial a que
eu e Fatima Rosaria constituímos.

Agradecimentos

Ao Ministro Almir Pazzianotto Pinto por valorizar os meus trabalhos, escrevendo os prefácios dos livros. Muito obrigado pela colaboração espontânea e pela amizade.

O meu preito de soldado de operações especiais ao general Agenor Homem de Carvalho, antigo chefe-militar, pelo exemplo de vida digna de soldado, pela amizade, orientações e observações seguras nos meus livros publicados. Que o nosso Deus proteja a sua saúde e inteligência ativa.

Agradeço a todos que diretamente ou indiretamente colaboraram com este trabalho, em particular à Profª Angela Luz, aos amigos Oscar Simões, Daniel Barroso e Paulo Sobral.

Homenagem

Ao amigo Renato de Toledo Guimarães Vaz
(em memória)

Sumário

Prefácio

Diógenes Dantas Filho, coronel da reserva do Exército Brasileiro, nos proporciona outro excelente livro, voltado para a esfera em que é senhor de notório conhecimento: a segurança.

Desta feita, o foco dirige-se à "inteligência a seu alcance", obra na qual se concentra no exame de questões delicadas, complexas, controvertidas, em torno da informação e contrainformação, ou inteligência e contrainteligência.

Quando exerci a chefia do Ministério do Trabalho, durante três anos e seis meses do governo do Presidente José Sarney, e mesmo em anos anteriores, como Secretário do Trabalho do Governo Franco Montoro, em São Paulo, constatei as dificuldades de que padecem governantes quando negligenciam, e não cuidam de manter eficientes serviços de inteligência e contrainteligência.

Na década de 1980 o Brasil experimentou alegrias e dores de súbita abertura para a democracia, processo mal compreendido pela população, que, cheia de grandes esperanças, julgava ser possível resolver problemas sociais e econômicos antigos, de imediato e por força de mudanças de governantes e de legislações. Enquanto isso, extremistas, aproveitadores, carreiristas, procuravam tirar vantagens da difícil fase de transição, com a exploração do desemprego, da alta do custo de vida, da galopante inflação, tendo como meta desestabilizar o governo e lograr objetivos sinistros.

A falta de informações era a mais grave das ameaças. Lembro-me, por exemplo, da derrubada das grades do Palácio dos Bandeirantes, em abril de 1983, por multidão açulada pelos radicais da esquerda, filiados ao PCdoB. Apanhado de surpresa, pois não dispunha de informações sobre o que se articulava no bairro de Santo Amaro, Montoro tardou em reagir, com o emprego de reduzida guarnição da Polícia Militar, incumbida da segurança do Palácio.

Ao assumir o governo estadual, uma das primeiras providências do governador consistiu na desarticulação do sistema de informações da Polícia Civil. Pagaria elevado preço pela medida, pois ficou, durante muito tempo, à mercê de grupos irresponsáveis, que desejavam implantar o caos, em busca de vantagens políticas.

A greve na Companhia Siderúrgica Nacional, na usina de Volta Redonda, em outubro de 1988, dias depois que eu deixara o Ministério do Trabalho, para assumir a cadeira de Ministro do Tribunal Superior do Trabalho, foi outro dramático fruto de ausência de informações. Apanhado de surpresa o Presidente Sarney viu-se obrigado a fazer uso, sem análise e planejamento, de unidade militar aquartelada nas proximidades para a retirada dos grevistas. Armados de fuzis os soldados trataram de desalojar os invasores. O confronto provocou três mortes, entre os metalúrgicos. De imediato a imprensa passou a explorar politicamente o caso, como episódio de violência desnecessária. Aquilo que poderia ter sido mais uma, entre milhares de greves, alterou o panorama eleitoral, e resultou na derrota do governo em algumas grandes capitais, nas quais vitorioso foi o PT.

Em maio de 1995, o governo federal se deixou apanhar nas malhas da greve da Petrobrás. A ausência de informações, sobre a programada paralisação de refinarias pelos sindicatos, levou o País à beira do colapso, pela falta de gás de cozinha, gasolina, diesel.

O atentado de 11 de setembro, nos Estados Unidos da América, quando terroristas suicidas causaram milhares de mortes e feridos, ao destruírem as Torres Gêmeas, em Nova York, e atacarem o Pentágono, talvez tenha resultado de falhas nos mais avançados serviços de informações e contrainformações do mundo contemporâneo.

O terrorismo é notícia diária na imprensa. Alimentado por ódio religioso, estimulado pelas altas taxas de desemprego, facilitado pela difusão, pela internet, de instruções sobre confecção de artefatos explosivos, o terror volta a ser usado como instrumento de ação política no Oriente Médio, Ásia, Europa, Estados Unidos. Nada nos garante de que não chegará ao nosso País, onde a violência comum adquire proporções assustadoras.

O regime democrático é frágil. A força de que dispõe resulta da consciência livre e do apoio político do povo. Aparelhar-se contra o terror significa, na opinião de alguns, medida ditatorial, incompatível com o direito ao sigilo de correspondência, de comunicações telegráficas, telefônicas, eletrônicas, de dados pessoais. Seria, ainda, inconciliável com a liberdade de opinião e de expressão, mesmo se usada para debilitar o Estado de Direito Democrático.

É tênue e invisível a linha que separa o direito, do abuso do direito. Embora exista, nem sempre é facilmente identificável.

A sabedoria do Estado, ao exercer o direito-dever de se conservar informado, de se antecipar à ação dos inimigos, consiste na capacidade de evitar a invasão da esfera dos direitos individuais inalienáveis.

O livro do coronel Diógenes Dantas Filho, redigido de maneira objetiva, didática, pedagógica, além de nos alertar, e mostrar a importância dos serviços de informações a serviço do Estado de Direito democrático, nos permite conhecer melhor o tema, para nos acautelarmos contra inimigos ocultos.

São Paulo, 14 de junho de 2013.
Almir Pazzianotto Pinto

Capítulo 1

A Informação e a Inteligência

" Voltei-me e constatei, à luz do Sol, que quem vence a corrida não é sempre o mais veloz, nem a batalha, o mais forte".
(ECLESIASTES)

A necessidade e o desejo pelo conhecimento fazem parte da natureza humana. A Inteligência derivou da palavra latina "intelligentia", cujo significado está associado a entendimento, conhecimento.

A evolução histórica da Informação e da Contrainformação confunde-se com a da própria humanidade.

Na Pré-história, o homem precisava estar bem informado para sobreviver e para se defender dos oponentes. Os mais aptos e habilidosos adotavam medidas de segurança[1] para minimizar suas vulnerabilidades e obter vantagens nos embates.

Desde antes de Cristo, a atividade de Inteligência[2] foi reconhecida como uma ferramenta vital para as instituições, as cidades-estados e para o próprio Estado.

Há mais de 2500 anos, o chinês Sun Tzu já enfatizava a importância da Inteligência no seu clássico livro "A Arte da Guerra". Ele era general- filósofo e estrategista, viveu de 544 a 496 a. C no Estado Wu da China. Inseriu a filosofia taoísta do agir pelo não agir (Wu Wei), que preconiza o uso da sutileza ao contrário da força, conforme sua citação "– Alcançar cem vitórias em cem batalhas não é o ápice da excelência. Subjugar o exército inimigo sem lutar é o verdadeiro ápice da excelência."

Pode-se citar a aplicação deste princípio do pai da estratégia da ação indireta, talvez mesmo sem o saber, quando a força de segurança pública se

---

[1]   **Segurança** é a condição na qual a instituição /organização não está submetida a riscos e ameaças de qualquer origem, não havendo obstáculo ao desenvolvimento, ao bem-estar e aos seus objetivos.

[2]   **Atividade de Inteligência** é a atividade técnica especializada para auxiliar no processo decisório, exercida 24 horas , com o objetivo de produzir conhecimentos de interesse de um decisor de qualquer nível hierárquico.

apossou da comunidade da Rocinha, na zona sul da cidade do Rio de Janeiro, em 2012, em vez de se valer da estratégia do atrito de Carl Von Clausewitz .

Sun Tzu afirma que "A guerra é uma questão de vital importância para o Estado; o palco da vida ou morte; a estrada para a sobrevivência ou ruína. É imperativo que seja estudada em detalhes."

"A Arte da Guerra" dedica o último capítulo ao emprego de agentes em busca de dados negados ou protegidos, sendo uma referência bibliográfica das mais antigas, voltada ao emprego doutrinário da atividade de Inteligência.

Nas Legiões Romanas era norma o emprego de equipes de especuladores, que precediam os movimentos da tropa, estudando o terreno e as ações do oponente.

Alexandre, o Grande, (356 - 323 a.C.), preocupava-se em verificar a existência de vazamento de informações sensíveis da tropa. Atualmente, chamamos essa ação de contrainteligência interna.

O rei Carlos Magno (771- 814) criou o corpo de agentes de Inteligência- os missi dominici - para observar o seu domínio.

Gengis-Khan (1162-1227), conquistador eurasiano, já utilizava especialistas em Inteligência para obter informações sobre as regiões de operações. Os informes[3] obtidos com mercadores e viajantes eram de suma importância para conhecer as vulnerabilidades da defesa de cada cidade objeto de seu ataque.

O viajante Marco Pólo (1254-1324) elaborou relatórios detalhados que se constituíram em preciosas informações para os governantes da época.

Na República de Veneza, em 1436, o Arsenal da cidade - local onde as trocas e estocagens de materiais e produtos de grande parte do Mediterrâneo eram realizadas - foi estruturado, ficando famosos os relatórios enviados por diplomatas e o tratamento dispensado pelos dirigentes como unidade estratégica de negócios. A aplicação prática do Arsenal deu origem à contabilidade tradicional com a utilização do sistema de débito e crédito.

Em Portugal, a Coroa adotava a chamada Política dos Segredos. Assim, negava às potências concorrentes os conhecimentos sobre suas descobertas ultramarinas.

Com o advento dos exércitos e dos estados modernos, a atividade de Inteligência passou a ser desenvolvida de modo generalizado. A troca de embaixadores entre os principais Estados da Europa tornou-se uma prática entre as maiores potências, visando à obtenção de informações estratégicas e ao conhecimento sobre prováveis inimigos ou oponentes econômicos em potencial.

---

3   **Informe** é o conhecimento resultante de avaliação de situação ou fato, passado ou presente, podendo haver dúvidas quanto à idoneidade da fonte e à veracidade do seu conteúdo.

A partir do século XIX, o trabalho de Inteligência adquiriu organização mais aperfeiçoada, com estrutura e metodologia próprias. No início da Primeira Guerra Mundial (1914-1918), somente a Inglaterra possuía um serviço de Inteligência Estratégica adequadamente organizado. Este serviço lhe deu significativa vantagem estratégica, especialmente, quando do descobrimento dos códigos alemães de comunicação naval e a consecução da neutralidade da Suécia, Noruega, Holanda e Suíça.

Os serviços de Inteligência, no mundo pós-primeira guerra, estavam desarticulados e a ausência de um inimigo visível ou declarado levava os governos a não priorizarem a atividade de Inteligência.

A mentalidade reinante nos EUA, na época, pode ser inferida pela determinação do Secretário de Estado Henry L. Stinson, em 1939, à equipe que tentava decifrar o código naval japonês: "Cavalheiros não lêem a correspondência alheia. Cessem já suas atividades." Daí a enorme surpresa de Pearl Harbour!

Outra vez, coube à Inglaterra, graças ao seu eficiente serviço de Inteligência, fazer frente à ascensão do Nazismo na Europa.

Durante a Segunda Guerra Mundial (1939-1945), os serviços de Inteligência adversários travaram verdadeira luta paralela e complementar às operações militares.

A produção de informações estratégicas em escala abrangente e em bases sistemáticas, na paz e na guerra, só veio a ocorrer durante a Segunda Guerra Mundial.

No período de 1945 a 1991, as estruturas e o *modus operandi* dos serviços de Inteligência alcançaram grande desenvolvimento, o que fez com que a informação qualificada, ou estratégica, adquirisse a importância que tem hoje, em termos de oportunidade de crescimento e risco de segurança. Foi a época do duelo entre as mais importantes agências de Inteligência do mundo: a CIA (Central Intelligence Agency) e o KGB (Komitet Gosudarstvennoi Bezopasnosti).

O confronto político-ideológico liderado pelas nações mais desenvolvidas e a busca de novos mercados levaram a uma disputa paranoica, quase sempre ultrapassando os limites da ética e da legalidade na consecução de seus objetivos.

No Brasil, em 1927, o Governo de Washington Luiz é um marco nos primórdios da Inteligência, pois foi criado o Conselho de Defesa Nacional (CDN), encarregado de "coordenar a reunião de informações relativas à defesa da Pátria". Mais tarde, em 1934, foram criadas as Seções de Defesa Nacional (SDN) nos Ministérios Civis, vinculadas ao CDN. Foi, de certa forma, o mais antigo ancestral do atual Sistema Brasileiro de Inteligência(SisBIn).

Em 1946, o Governo Dutra criou o Serviço Federal de Informações e Contra – Informações (SFICI), "com a missão de superintender e coordenar as atividades de Informações, em particular as que interessem à Segurança Nacional". O SFICI foi o primeiro órgão a ter a Inteligência como a sua atividade fim, isto é, dedicava-se exclusivamente à atividade de obtenção e produção de Inteligência no País.

O Serviço Nacional de Informações (SNI), criado em 1964 e devido à sua proximidade com o Poder, trouxe a atividade de Inteligência ao primeiro plano do processo decisório nacional. Significativos avanços foram alcançados nesse período no que concerne à organização, técnicas e doutrina. O 1.º Plano Nacional de Informações instituiu formalmente o Sistema Nacional de Informações (SisNI), em 1970, e a criação da Escola Nacional de Informações (EsNI), em 1971, monopolizou os cursos e estudos doutrinários de Informações, recepcionando o curso que funcionava no Centro de Estudos de Pessoal (CEP) do Exército.

Em 1973, o primeiro Manual de Informações foi instituído, proporcionando unidade de doutrina a todo o SisNI.

O Presidente Fernando Collor extinguiu o SNI e o SisNI em 15 de março de 1990, logo após ser empossado, cumprindo promessas de campanha e criou o Departamento de Inteligência no organograma da novel Secretaria de Assuntos Estratégicos (DI/SAE) com efetivo, atribuições e recursos bem menores do que o órgão extinto. Convencido pelo Chefe do Gabinete Militar da Presidência da República, reformulou mas não extinguiu a EsNI, frequentada por alunos estrangeiros e de elevado conceito internacional. Institucionalizou-se, assim, o conceito de Inteligência a nível governamental.

A Secretaria de Assuntos Estratégicos e o Centro de Formação e Aperfeiçoamento de Recursos Humanos (CEFARH) foram criados na tentativa da atividade de Informações não sofrer solução de continuidade.

A esta altura dos acontecimentos, o termo Informações estava desgastado e era, até, considerado pejorativo por grande parte da opinião pública. Em sua substituição, surgiu o conceito de Inteligência de melhor aceitação e amplitude. E a Contrainformação deu lugar à Contrainteligência.

Com o fim do SNI e o desmantelamento do SisNI houve um grande prejuízo à atividade de Inteligência no País. As Forças Armadas reformularam os seus sistemas de informações e desvincularam-se do Departamento de Inteligência da Secretaria de Assuntos Estratégicos. Além da compreensível resistência à radical mudança, o governo deixou de contar, em inúmeras oportunidades, com informações oportunas e precisas para se antecipar aos acontecimentos.

O próprio serviço de segurança presidencial sentia a ausência de informações, das variáveis externas e internas do local a ser visitado pelo Presidente da República, tais como: configuração socioeconômica da população, repercussões de natureza política, relação dos líderes, análise psicossocial da comunidade, antagonismos existentes, vulnerabilidades, pontos fortes, regiões críticas e ameaças.

Buscava-se preencher essa lacuna, em caráter limitado, com seus integrantes e com o apoio do Coordenador de Segurança de Área que , algumas vezes, não simpatizava com o Presidente por ter desestruturado o Sistema de Informações vigente até a sua posse em 1990.

Somente a título de exemplo, um fato aparentemente de menos importância poderia ter causado grande constrangimento às autoridades presentes à solenidade de comemoração do início da construção da Linha Vermelha, no Rio de Janeiro. A maior parte do público estava agitada e insatisfeita porque o principal líder comunitário das favelas do Complexo da Maré, preponderante no local, não havia sido convidado para subir ao palanque presidencial. A partir de então, um profissional da DI/SAE passou a integrar a comitiva avançada da equipe presidencial.

Àquela época, foi exibida a telenovela brasileira Araponga, produzida pela Rede Globo, e o investigador com este codinome trabalhava para a Polícia Federal, depois de muitos serviços prestados ao Governo Militar. Ele era satirizado por conservar ideias e hábitos do velho regime. Na realidade, a telenovela em muito contribuiu para denegrir a imagem do profissional de Inteligência.

A Subsecretaria de Inteligência (SSI) foi criada pela Lei nº 8.490, de 1992, enquadrando o Departamento de Inteligência e o CEFARH. Manteve a concepção vigente desde a instituição da SAE, em 1990, e, assim, o organismo de Inteligência continuou sem acesso direto ao Presidente da República.

Em janeiro de 1995, uma Medida Provisória assinada pelo Presidente Fernando Henrique Cardoso criou a Agência Brasileira de Inteligência (ABIn) subordinada à Secretaria Geral da Presidência da República e, a partir de abril de 1996, à Casa Militar. Em setembro de 1997, foi encaminhado ao Congresso Nacional projeto de lei propondo a criação do referido órgão, sendo seu texto final aprovado e transformado na Lei 9883, de 7 de dezembro de 1999. De maneira sábia, a referida lei, em seu artigo 1.º, instituiu o SisBIn e, no artigo 3.º, criou a ABIn, com o intuito de afirmar a importância do Sistema de Inteligência.

A citada lei define Inteligência como a atividade que objetiva a obtenção, análise e disseminação de conhecimentos dentro e fora do território nacional sobre fatos e situações de imediata ou potencial influência sobre o processo decisório e a ação governamental, e sobre a salvaguarda e a segurança da sociedade e do Estado. Contrainteligência, por sua vez, é definida como "a atividade que busca neutralizar a inteligência adversa". Atualmente, ela também se preocupa com vazamentos feitos por integrantes do próprio sistema, na chamada Contrainteligência interna.

Conforme o Decreto n.º 4376, de 13 de setembro de 2002, que regulamenta o SisBIn, este sistema funciona mediante a articulação coordenada dos órgãos que o compõem, respeitada a autonomia funcional de cada um. Isso assegura a não ingerência do órgão central nas questões internas dos demais integrantes. O Sistema é um conjunto cooperativo, não hierarquizado, com canal técnico e sem outro vínculo ao órgão central.

Observa-se, ainda hoje, que o SisBIn não apresenta a necessária integração e que o intercâmbio de dados[4] não é feito com a oportunidade requerida.

Em 2010, a Comissão Mista de Controle das Atividades de Inteligência (CCAI) aprovou relatório sobre a Política Nacional de Inteligência (PNI) que sinalizava dar nova estrutura ao SisBIn, buscando a ampliação da confiabilidade do Sistema, o fortalecimento da cultura de proteção de conhecimentos e a prevenção de ações de sabotagem.

A PNI enumerou 11 ameaças à integridade da sociedade e do Estado e à Segurança Nacional: espionagem, sabotagem, interferência externa, ações contrárias à soberania nacional, ataques cibernéticos, terrorismo internacional, atividades ilegais envolvendo bens e tecnologias sensíveis, utilização de armas de destruição em massa, criminalidade organizada, corrupção, e ações contrárias ao Estado Democrático de Direito.

A legislação em vigor não permite que a ABIn efetue operações técnicas de interceptação de comunicações e a escuta ambiental. E operações dessa natureza são essenciais no acompanhamento do terrorismo, da espionagem, do crime organizado e da corrupção que assola o País.

Outro aspecto digno de nota é o referente à lei de controle de armas, que deixava de incluir os agentes da ABIn no rol daqueles servidores do Estado autorizados a portar armas, o que é necessário para sua segurança pessoal, quando em missão operacional. O Legislador não pode ignorar que o País tem dimensões continentais e cenários regionais distintos. Um profissional de Inteligência que opera na faixa de fronteira amazônica, por exemplo, necessita portar arma em área de baixíssima densidade demográfica para sobreviver.

---

4   **Dado** é toda representação de fato ou situação, por meio de conhecimento, fotografia, gravação, relato, carta topográfica, documentos ou qualquer outro meio.

O condicionamento físico e a defesa pessoal, incluindo a técnica de tiro, são sempre priorizados.

É bem verdade que grande parte do conhecimento está hoje disponível na Internet, nas bibliotecas e outras fontes abertas. Entretanto, há uma classe de Informações cuja posse pode ser vital e que é preservada por quem a detém. Para obtê-la, quando sua aquisição se torna necessária à segurança e aos interesses do país ou da organização, pode-se recorrer à Inteligência. O mesmo ocorre quando o interesse é o de preservar a Informação.

Atuar nessas áreas é uma exclusividade da Inteligência e, para tal, deve estar tanto amparada legalmente quanto tecnicamente capacitada.

A falta de informações contribui para o relaxamento das medidas de segurança e suas consequências são imprevisíveis. Os exemplos históricos são inúmeros e os selecionados são os seguintes: a conquista da China por Gengis Khan foi facilitada porque um general apaixonado pagou o resgate de sua amada com a abertura dos portões da grande muralha; e - o "presente grego" do gigantesco Cavalo de Tróia.

A Revolução Francesa e o Império de Napoleão I, por meio de Joseph Fouché, utilizaram-se intensamente da atividade de Inteligência.

No entanto, os estados modernos só criaram departamentos permanentes de tratamento da informação a partir do final do século XIX.

O SNI, durante sua existência, mobilizou praticamente os serviços de informações dos Ministérios e das Polícias que ficaram especialmente voltados para a detecção e repressão dos opositores políticos, ao Movimento Comunista Internacional (MCI), aos atos terroristas, urbanos e rurais, e às atividades de corrupção.

O SNI prestou relevantes serviços aos governos militares mas, em várias ocasiões, contrariou a hierarquia, excedeu-se no cumprimento de missões e o costumeiro "consta que" chegou a ser repudiado até no meio militar.

Com o fim do SisNI, alguns serviços de informações continuaram com a sua atividade clássica, outros passaram a fazer "repressão" interna a seus próprios quadros, outros se acomodaram e outros a fazer de tudo um pouco.

Especialistas no assunto afirmam que o Presidente Collor deveria ter reformulado integralmente o SNI , porém jamais o extinto. Dizem, inclusive, que uma das causas de seu impedimento foi o desconhecimento - por falta de informações – dos eventos que ocorriam nas suas proximidades pessoais.

Com o passar dos anos, a ABIn vem se consolidando. As Forças Armadas, a Polícia Federal e várias Polícias Militares possuem uma doutrina de Inteligência. Todavia, não há doutrina única de âmbito nacional nem sua adequação à atuação das polícias na área criminal. Nos Ministérios Civis não há esta mentalidade, razão pela qual pipocam escândalos de modo sistemático.

No setor de segurança pública, busca-se uma distinção entre atividade de Inteligência e investigação criminal. Porém, muitos dirigentes, por falta de conhecimento específico, não têm esta sensibilidade.

A Inteligência se popularizou e penetrou nas organizações privadas. Houve uma adaptação da Inteligência de Estado à Inteligência competitiva no processo de tomada de decisões, considerando, inclusive, a sua própria segurança.

A Inteligência e a Contrainteligência estão presentes em todas as instituições, inclusive no Ministério Público e não somente na área criminal.

Atualmente, a Inteligência não mais se associa a questões exclusivamente políticas. Ela está presente em todos os campos do Poder, público ou privado.

Convém registrar que a atividade de Inteligência tem sido fator primordial no combate ao terrorismo transnacional, conforme texto de Álvaro Pinheiro[5]:

" Os êxitos obtidos pelas Forças de Operações Especiais na guerra contra o terror levaram a uma significativa evolução no relacionamento entre as Operações Especiais e a Inteligência.

Hoje, a máxima *Intelligence Drives Operation* foi substituída por *Intelligence is Operations*. Um dos mais relevantes exemplos da evolução desse conceito foi a eliminação de Abu Musab Al-Zarqawi(líder da Al Qaeda iraquiana). O ataque aéreo (conduzido por um "drone") que eliminou Zarqawi foi apenas uma pequena parcela de um esforço de *Intelligence/Special Operations Fusion* para localizá-lo e, em sequência, eliminá-lo. Todo o processo, na verdade, foi uma complexa arquitetura multidisciplinar interagências, envolvendo Inteligência, Vigilância e Reconhecimento (IVR), que oportuna e pacientemente conduzida, levantou a rede terrorista de Zarqawi, resultando numa exemplar Operação F3EA *(Find, Fix, Finish, Exploit and Analyze)*. Foram mais de 600 horas de IVR para rastreá-lo e identificar pormenorizadamente a estrutura de sua rede. O subsistema IVR aerotransportado (VANT) foi crítico e fundamental; porém, por si só não teria levado todo o processo à sua muito bem sucedida consecução. Houve uma necessidade imperativa do emprego de um sólido e muito bem fundamentado Sistema de Inteligência multidisciplinar envolvendo fontes HUMINT (Inteligência Humana), Inteligência obtida com militantes anteriormente capturados (materializada em interrogatórios realizados , não raro, a milhares de quilômetros do cenário em presença) e, também, de uma indispensável inteligência de Sinais."

O profissional deve sempre se lembrar que a Inteligência é uma atividade perene de assessoria diretamente subordinada ao tomador de decisão .

---

5   **Álvaro** de Souza **Pinheiro**, general, antigo comandante das Forças Especiais do Exército Brasileiro e o maior especialista em guerra irregular no País.

A Inteligência faz parte do processo decisório que considera outros fatores, tais como:

- missão (que define o que fazer);
- oponente/adversário (valor e ligações);
- ambiente físico;
- situação psicossocial;
- componente econômico-financeiro;
- meios disponíveis para cumprir a missão.

O Chefe, ao tomar sua decisão quanto à realização de uma tarefa, parte do princípio de que ela será integralmente cumprida. A sua assessoria de Comunicação Institucional deve preparar as pessoas para bem receber a decisão e verificar como a opinião pública e o público– alvo reagirão a ela.

Na atualidade e na maioria dos casos, as operações de Inteligência são mais eficazes e bem mais econômicas do que as operações de combate.

Hoje, o Brasil tem uma Doutrina Nacional de Inteligência de Segurança Pública (DNISP), capitaneada pela Secretaria Nacional de Segurança Pública (SENASP).

FONTE: http://servico.mercadolivre.com.br/
MLB-462932651-detetive-particular-detetives-particulares-investigador-_JM

Capítulo 2
Atividade de Inteligência

"... o que capacita sábios, soberanos e bons generais a combaterem e alcançarem resultados além dos obtidos pelos homens comuns é o conhecimento antecipado, que não é adquirido da experiência ou deduzido a partir de cálculos, porém extraído de outros homens."
(SUN TZU)

2.1 Conceitos

Didaticamente, o modelo clássico de Inteligência abrange dois ramos. A Inteligência propriamente dita, voltada à produção do conhecimento (estratégico, tático, operacional) e normalmente direcionada para o ambiente externo a fim de facilitar a tomada de decisões; e a Contrainteligência, responsável pela salvaguarda da instituição/organização em face da ação de forças oponentes e/ou elementos adversos de qualquer natureza, inclusive os internos da própria organização.

Não há unanimidade, dentre os estudiosos, quanto à principal característica da Inteligência. Uns consideram o sigilo, outros a subordinação direta ao decisor no trato de assuntos sigilosos. Atualmente, a maioria a coloca no primeiro plano do assessoramento da decisão, mas não tratando exclusivamente de temas sigilosos, já que grande parte das informações pode ser obtida em fontes abertas. São unânimes ao considerar a obrigatoriedade da Inteligência em todos os planejamentos, do mais simples ao mais complexo.

Na Inteligência – voltada prioritariamente para o ambiente externo - são realizadas ações especializadas, permanentemente executadas, com o objetivo de produzir conhecimentos de interesse da instituição / organização e do decisor, em qualquer nível hierárquico.

Os conhecimentos são agrupados, normalmente, pelas características físicas da região de interesse e pelas expressões psicossocial, econômico-financeira, militar, política e científico-tecnológica.

Dependendo do nível decisório, a coleta[6] de informes e de informações deverá ser mais intensa e detalhada ou empregar a busca[7]. Elas poderão servir, por exemplo, ao Promotor responsável pela apuração de desvio de combustível em uma organização; ao Procurador que coordena um grupo de trabalho que apura a prostituição infantil; ao Procurador-Geral que necessita de assessoramento e de informações detalhadas a respeito do incremento da violência em determinada cidade.

Sinteticamente, pode-se conceituar a Inteligência como sendo um processo sistemático e pró-ativo de coleta (busca), tratamento, difusão e segurança das informações relacionadas aos objetivos das instituições, de fundamental importância à tomada de decisões de caráter estratégico, tático e operacional.

Decidir faz parte da natureza humana. Tomada de decisão é a escolha entre possibilidades ou alternativas para resolver problemas ou aproveitar oportunidades.

O processo da tomada de decisão inicia-se na identificação de uma situação que propicia um problema ou uma oportunidade, passa pela análise, decompondo o todo em partes, e chega-se a uma conclusão (diagnóstico). A seguir, montam-se linhas de ação ou alternativas, e decide-se pela melhor delas para posterior execução.

Na identificação do problema ou oportunidade, procura-se levantar as causas e consequências, fazendo uso de técnicas diversas. Na montagem de linhas de ação ou geração de alternativas, empregam-se métodos da " tempestade de ideias" (brainstorming) ou delineamento de problemas organizacionais. Na decisão, avaliam-se, julgam-se e comparam-se as alternativas. Normalmente, elege-se a linha de ação com mais vantagens e alinhadas com a política da empresa[8]. Além do decisor considerar os fatores da decisão (missão, concorrente/ oponente, meios, tempo, opinião pública), a sua personalidade também influencia na tomada de decisão. Na execução da decisão busca-se colher os resultados, isto é, avalia-se a sua eficácia.

6　　**Coleta** é a atividade ostensiva voltada para a obtenção de dados disponíveis e não protegidos.

7　　**Busca** é a atividade voltada para obtenção de dados não disponíveis e protegidos por medidas de segurança.

8　　Usaremos as palavras empresa, organização, instituição, como se fossem sinônimas.

2.2 Níveis de Inteligência

Há três níveis básicos de Inteligência : estratégico, tático e operacional.

No nível estratégico são definidas as diretrizes gerais de ação do Sistema de Inteligência da organização/ instituição, estabelecendo a sua política de atuação, elaborando estudos, planos e estabelecendo objetivos a serem atingidos a curto, médio e longo prazo. Neste nível se enquadra, por exemplo, uma Diretriz de Inteligência, um Plano de Inteligência, orientando o esforço na busca de conhecimentos nos campos do poder nacional e nas atividades de Contrainteligência.

No nível tático são definidas as orientações específicas de atuação, em proveito das atividades institucionais de Inteligência, no tocante à produção do conhecimento, sua proteção e salvaguarda. Neste nível se insere, por exemplo, um plano destinado à coleta de informações sobre o tráfico de drogas e de armas em determinada região.

No nível operacional são desenvolvidas ações especializadas, direcionadas para o objetivo final, devidamente planejadas e em conformidade com os princípios da atividade, com o propósito de obtenção e salvaguarda de dados, informações e conhecimentos de interesse institucional. Pode assemelhar-se, por se aproximar do processo investigatório, à chamada Inteligência Policial, voltada precipuamente para questões operacionais de prevenção e investigação de ilícitos e grupos infratores. Pode colaborar em muito na produção de provas.

Resumindo, pode-se afirmar que quando o conhecimento é exigido para a formulação de planos e políticas concernentes à mais alta direção da instituição / organização, tem-se a Inteligência estratégica.

Quando o conhecimento requerido é para planejar e conduzir operações de busca a fim de colaborar com a produção de provas ou com o aperfeiçoamento da Polícia Judiciária, por exemplo, configura-se a Inteligência operacional.

Simplisticamente, pode-se afirmar que a Inteligência tática está no nível intermediário entre a estratégica e a operacional.

2.3 Princípios Básicos

A atividade de Inteligência é também norteada por princípios. Os operadores do Direito, por exemplo, costumam afirmar que contrariar um princípio é mais grave do que contrariar uma lei.

a) Princípio da Segurança

O conhecimento deve ser protegido desde o início de sua produção e o seu acesso limitado às pessoas credenciadas.

Vive-se na sociedade da informação[9] e do conhecimento[10], e ao disseminá-los deve-se fazer com segurança.

Há uma corrente de especialistas que enfatiza o binômio segurança-sigilo, por considerar o sigilo de vital importância para a preservação da organização, de seus integrantes e das ações a serem realizadas.

b) Princípio da Clareza

O conhecimento produzido deve ser expresso de forma a receber imediata e completa compreensão por parte dos usuários. Dessa forma, a redação deve ser em linguagem correta e livre de palavras rebuscadas e supérfluas. A clareza está ligada à objetividade e à simplicidade.

c) Princípio da Amplitude

O conhecimento produzido deve ser o mais completo possível com informações amplas, exatas e não prolixas, tomando o cuidado para não registrar algo desnecessário.

Nos dias atuais, a informação deve ser sucinta para que o decisor tenha tempo para lê-la, assimilá-la e decidir em tempo oportuno, face à gama de conhecimentos colocados à disposição.

d) Princípio da Oportunidade

O conhecimento deve ser produzido em prazo que assegure sua utilização em tempo oportuno, de forma completa e adequada. Este princípio está intimamente ligado à principal característica da atividade de Inteligência que é a pró-atividade. De nada adianta uma decisão perfeita mas fora do prazo.

e) Princípio da Objetividade

O planejamento e a execução das ações da produção do conhecimento devem ser orientados para os objetivos definidos a alcançar, a fim de evitar custos e riscos desnecessários.

---

9   **Informação** é o conhecimento resultante de raciocínio elaborado e que expressa a certeza(posição definida) do analista quanto ao significado de situações ou fatos.

10   **Conhecimento** é o resultado do processamento de dados e/ou informações anteriores, utilizando metodologia específica da atividade de Inteligência.

f) Princípio da Imparcialidade
A produção do conhecimento deve estar isenta de ideias preconcebidas, subjetivismo e outras formas de distorções. O decisor deve ficar atento a este princípio ao ler a apreciação do analista.

g) Princípio da Integração
Todos os dados e conhecimentos obtidos devem ser processados a fim de que o produto resultante seja um conhecimento integrado.

h) Princípio da Cooperação
A atividade de Inteligência estabelece relacionamentos, ligações e intercâmbios que possibilitem maximizar esforços para a consecução dos objetivos estabelecidos.

i) Princípio do Controle
A produção do conhecimento deve obedecer a um planejamento que permita adequado controle de cada uma das fases. Dentre as etapas mais importantes de uma gestão (Planejar, Executar, Controlar, Avaliar, Realimentar) está o Controle, verdadeiro desafio na atividade de Inteligência nos regimes democráticos.

j) Princípio da Legalidade
Exercer a atividade de Inteligência em conformidade com os ditames da Lei.

k) Princípio da Atualidade
A atividade de Inteligência pressupõe a busca constante do aperfeiçoamento de conceitos, técnicas, métodos e processos para atender aos desafios impostos pelas transformações no mundo.

l) Princípio da Ética
A atividade de Inteligência deve alicerçar-se na observação de preceitos éticos e valores morais, sociais e cívicos, compromissada com a verdade, a honra, a integridade de caráter, a família, a solidariedade, o respeito aos direitos humanos, o patriotismo, o respeito às leis, à autoridade constituída e à democracia.

2.4 Fontes de Inteligência

A atividade de Inteligência utiliza dados de todas as fontes disponíveis para produzir conhecimentos.

a) Natureza das Fontes

1. Humana *(humint)*, constituída por pessoas pertencentes ou não à instituição, que são a resultante maior no esforço da busca do conhecimento. Fornece a menor quantidade de dados. No entanto, por ser a mais qualitativa, torna-se mais relevante para a produção do conhecimento. Esteve em segundo plano, por um período, porque algumas organizações priorizaram em excesso a fonte eletrônica. Porém, com as restrições impostas pela legislação, os especialistas estão sendo obrigados a aperfeiçoarem a busca de dados pela fonte humana.

2. De sinal (*sigint*), oriunda da interceptação de sinais de comunicações. É mais difundida pela mídia nos últimos tempos.

3. Imagem (*imint*), constituída por fotografias, mapas, cartas topográficas, imagens captadas de satélites e aviões.

Um caso histórico foi a interpretação e análise das imagens captadas pelos aviões U2 dos Estados Unidos que confirmaram a existência de mísseis balísticos soviéticos nos conveses de navios mercantes aportando em Cuba, deflagrando a crise dos mísseis em 1962.

**FONTE: http://veja.abril.com.br/historia/crise-dos-misseis/
especial-cronologia-bastidores.shtml**

A foto anterior mostra reunião na ONU onde os diplomatas norte-americanos apresentaram ilustrações de instalações militares com mísseis em solo cubano.

O emprego da análise de imagens permitiu a elucidação do atentado terrorista em Londres, em 07 de julho de 2005. Durante as investigações, a gravação feita pelo sistema de câmaras de segurança de uma das estações do metrô mostrou quatro terroristas juntos embarcando em uma das estações, momentos antes das explosões.

FONTE: A LUCERNA/Boletim Informativo da Escola de Inteligência Militar do Exército, de 25 de julho de 2005

E, em abril de 2013, as imagens foram decisivas para a incriminação dos dois irmãos terroristas no brutal atentado ao término da maratona de Boston/EUA.

b) Tipos das Fontes
1. Abertas

As fontes são consideradas abertas quando são de livre acesso. Segundo Cepik, "quanto mais abertos os regimes políticos e menos estritas as medidas de segurança de um alvo para a circulação de informações, maior a quantidade de inteligência potencialmente obtida".

2. Protegidas

As fontes são denominadas de protegidas quando os seus dados devem ser preservados ou negados.

Capítulo 3
Produção do Conhecimento de Inteligência

" O silêncio é um amigo que nunca trai".
(CONFÚCIO)

3.1 Conhecimento de Inteligência

O produto finalizado da atividade de Inteligência, realizado por um analista especializado após estudo de determinado tema, é denominado de " Conhecimento de Inteligência".

O ser humano pode conceber ideias, formular juízos e elaborar raciocínios, chamados operações intelectuais, para conhecer determinados fatos e situações.

Ideia é a simples concepção, na mente do analista, da imagem de determinado fato ou situação, sem contudo qualificá-lo.

Juízo é a operação pela qual a mente estabelece uma relação entre ideias.

Raciocínio é a operação pela qual a mente, a partir de dois ou mais juízos conhecidos, alcança outro desconhecido que deles decorre logicamente. Consiste no estabelecimento de uma ligação lógica entre vários juízos.

De um modo geral, a posição do analista diante de um fato ou situação é a seguinte:

- Certeza, quando o analista acredita que tem convicção plena, sua posição está definida. Ex: É certo que...
- Opinião, quando o nível de convicção do analista perante o fato e situação está na probabilidade. Ex: É provável que...É quase certo que ...
- Dúvida, quando o nível de convicção do analista perante o fato e situação está na possibilidade. Ex: É possível que...Pode ser ou não. Posição indefinida.

- Ignorância, o analista desconhece o fato e situação(objeto). Ausência total de noção do objeto.

3.2 Produção do Conhecimento

A produção do Conhecimento pode utilizar metodologia de escolas do pensamento científico, não havendo unanimidade quanto ao número de etapas e/ou de fases, nem quanto ao título delas. Entretanto, esta diferenciação é meramente didática já que não altera o resultado desejado.

O ciclo da produção do Conhecimento quando utilizado para gerar conhecimentos de Inteligência é chamado de Ciclo de Inteligência. É um processo contínuo e sequencial.

O método para produzir Conhecimento de Inteligência assegura o encadeamento lógico do raciocínio do analista e a confiabilidade do Conhecimento produzido em todos os níveis.

Priscila Antunes, em seu livro SNI & ABIN (2002), tece considerações acerca da literatura especializada sobre a atividade de Inteligência, particularmente quanto ao Ciclo de Inteligência. Define o ciclo basicamente em duas grandes etapas, uma de coleta e outra de análise.

Recomenda, ainda, que as informações sejam coletadas por intermédio de diferentes fontes, sendo as agências especializadas responsáveis pela coleta de tipos específicos de informação. Tais agências possuem especialidades técnicas determinadas, tais como: fator reconhecimento, criptoanálise e espionagem.

Efetivada a coleta, as informações seguem para a área de análise e, nesse estágio, todos os dados coletados pelas diversas agências especializadas são processados, analisados e transformados em produto de Inteligência.

Conclui Priscila Antunes que o fluxo dessas informações coletadas é direcionado conforme o pedido do usuário ou o objetivo da pesquisa solicitada. Após o processo de análise, o produto final é posto à disposição do usuário.

Cepik esclarece que, convencionalmente, as descrições referentes ao Ciclo de Inteligência chegam a alcançar até dez etapas principais, a saber:

- Requerimentos informacionais;
- Planejamento;
- Gerenciamento dos meios técnicos de coleta;
- Coleta a partir de fontes singulares;
- Processamento;
- Análise de informações obtidas de fontes diversas;

- Produção de relatórios, informes e estudos;
- Disseminação dos produtos;
- Consumo pelos usuários;
- Avaliação (feedback).

Ressalta, entretanto, que apenas duas etapas são fundamentais: a coleta e a análise, conforme sugere Priscila Antunes.

Em verdade, procura transmitir que o Ciclo de Inteligência deve ser visto como modelo simplificado que não corresponde exatamente a qualquer outro sistema de informações.

Para o Professor Cepik, a principal contribuição da ideia de Ciclo de Inteligência é justamente ajudar a compreender essa transformação de informação e explicitar a existência de fluxos informacionais entre diferentes atores (usuários, gerentes, coletores, analistas etc). Sendo a atividade de Inteligência uma função subsidiária dos processos de formulação, decisão e implementação de política externa, de defesa e segurança pública, pode-se visualizar, também, o Ciclo de Inteligência como um subconjunto de atividades do chamado "Ciclo das Políticas Públicas": um ciclo formado pelo surgimento de problemas, o estabelecimento de uma agenda, a formulação de políticas e linhas de ação alternativas, os processos de tomada de decisão, a implementação e a avaliação.

Nesse sentido, enfatiza o referido professor que as informações coletadas e analisadas pelos serviços de Inteligência deveriam ser determinadas pelas necessidades e prioridades dos usuários.

Cepik destaca, ainda, que na maioria das situações, os "policymakers" (formuladores de políticas) não têm tempo nem clareza para especificar os tipos de informações de que necessitam ou irão necessitar para os processos de tomada de decisão e implementação. Nesses casos, as listas de demandas tendem a ser genéricas ou são formuladas sem que os agentes de Inteligência tenham uma ideia precisa sobre a finalidade das informações.

Convém assinalar que a atividade de Inteligência em uma instituição deve ser norteada por uma diretriz inicial e por um Plano de Inteligência, contendo o repertório de conhecimentos necessários.

Numa perspectiva acadêmica, o Professor Denílson Feitosa Pacheco aponta as seguintes fases do Ciclo de Inteligência:
- Identificação das necessidades informacionais do usuário final;
- Planejamento da obtenção de dados;
- Gerenciamento dos meios técnicos de obtenção dos dados / informações;
- Processamento de dados / informações;

- Produção do Conhecimento;
- Disseminação e uso do Conhecimento; e
- Avaliação do ciclo (feedback).

A produção do Conhecimento envolve o produtor (profissional de Inteligência), o usuário (planejador e decisor) e o beneficiário (pessoas beneficiadas com a decisão).Sintetizando,a metodologia da Produção do Conhecimento engloba, normalmente, cinco fases:

- Planejamento;
- Reunião de dados (coleta/busca);
- Análise e Síntese;
- Interpretação; e
- Formalização e Difusão.

3.3 Planejamento

O Planejamento é a fase inicial na qual são ordenadas, de forma sistemática e lógica, as ações a realizar e as etapas do trabalho a ser desenvolvido para a produção do Conhecimento.

Nele são estabelecidos os objetivos, as necessidades, os prazos, cronologia, aspectos essenciais, prioridades e são definidos os parâmetros e as técnicas a serem utilizadas, partindo-se, sempre, dos procedimentos mais simples para os mais complexos.

A profundidade do Conhecimento a ser obtido depende do nível de autoridade dos usuários.

Planejar deve ser uma ação rotineira do profissional de Inteligência.

Esquematicamente, os passos a serem seguidos no Planejamento podem ser assim sintetizados:

- assunto a ser estudado, que consiste em determinar o fato ou a situação objeto do Conhecimento a ser produzido;
- faixa de tempo a ser considerada, que estabelece limite de tempo;
- usuário(s) do Conhecimento;
- finalidade do trabalho;
- prazo de conclusão, observando o princípio da oportunidade e confeccionando o trabalho em tempo hábil para utilização ;
- aspectos essenciais conhecidos do assunto, conduzindo o profissional de Inteligência para verificar o que deseja saber para atender a necessidade do usuário;

- aspectos essenciais a conhecer, devendo listar o que precisa obter para atender ao trabalho;
- ações a realizar e
- medidas de segurança.

3.4 Reunião de Dados (Coleta/Busca)

Nesta fase da produção do Conhecimento procura-se obter dados e informações que respondam e/ou complementem os aspectos essenciais a conhecer, por meio de ações de coleta e busca.

Normalmente, os dados são obtidos e reunidos por meio de pesquisa, consulta a fontes diversas, ligações com órgãos assemelhados e, se necessário, pelo desencadeamento de operações de Inteligência.

A coleta é a obtenção de dados e conhecimentos disponíveis, interna e externamente.

A busca consiste na obtenção de dados não disponíveis e/ou protegidos por medidas de sigilo e segurança, exigindo o emprego de técnicas específicas.

Em 2005, o então Ministro-Chefe do Gabinete de Segurança Institucional da Presidência da República declarou que a ABIn estima em mais de 90% o conhecimento obtido das chamadas fontes abertas.

Também, nesse mesmo ano, John Negroponte, operador da Inteligência norte-americana, anunciou a criação do Departamento voltado para coleta, reunião e produção de Conhecimento a partir de fontes abertas.

3.5 Análise e Síntese

A Análise decompõe os dados ou conhecimentos reunidos, examina cada parte e os relaciona com o objeto da produção do Conhecimento.

A Síntese nada mais é do que a integração coerente de conhecimentos lógicos, devidamente ordenados e cronologicamente expostos, decorrentes de uma Análise bem avaliada e com grau máximo de credibilidade, partindo-se sempre do simples para o complexo.

Nesta fase se determina o valor dos dados e conhecimentos reunidos, verificando-se a sua pertinência e o grau de credibilidade das fontes (pessoas, organização ou documento) e do conteúdo.

3.6 Fase da Interpretação

Nesta fase, o analista esclarece o significado final do assunto tratado. Valendo-se das conclusões da etapa anterior, procura estabelecer as relações de causa e efeito, apontar tendências e fazer previsões, baseadas no raciocínio.

Os procedimentos tratados nesta fase interpenetram-se de tal forma que qualquer tentativa de ordenação e delimitação se torna difícil. Para fins exclusivamente didáticos, podem ser apresentados na sequência de fatores de influência, delineamento da trajetória e significado final.

Os fatores de influência podem ser impostos pelo usuário ou ser inferidos a partir de evidências contidas na Análise e Síntese. Consistem na identificação e ponderação dos fatores que influem na situação, considerando-se a frequência, a intensidade e os efeitos.

O delineamento da trajetória consiste no encadeamento sistêmico de aspectos relacionados com o assunto em estudo. Os limites a serem considerados neste delineamento podem, ou não, estar fixados na "faixa de tempo" estipulada na fase de Planejamento. A experiência e o raciocínio do analista poderão conduzi-lo ao passado e ao futuro.

O significado final nada mais é do que o aperfeiçoamento do esboço da solução do problema em estudo.

3.7 Formalização e Difusão

a) Na fase da Formalização e Difusão, o Conhecimento produzido será formalizado em documentos de Inteligência e disponibilizado para os usuários e agências de informações, atendidos os princípios do sigilo e da oportunidade.

Dependendo da urgência, admite-se a Difusão informal previamente à Formalização do documento.

O prazo para a Difusão do Conhecimento jamais poderá ultrapassar a data limite estabelecida no Planejamento. De nada vale uma decisão perfeita e completa se exarada fora do prazo, não atendendo ao princípio da oportunidade.

b) Documentos de Inteligência são padronizados pela instituição, produzidos com o fim de transmitir ou solicitar conhecimentos. Se a instituição for estatal, são normalmente sigilosos.

Informe é o Conhecimento resultante de avaliação de situação ou fato, passado ou presente, podendo haver dúvidas quanto à idoneidade da fonte e à veracidade do seu conteúdo. O estado da mente pode ser de Certeza, Opinião, Dúvida ou Ignorância a respeito do assunto. A operação intelectual não ultrapassa os limites do Juízo.

Informação é o Conhecimento resultante de raciocínio elaborado e que expressa a certeza (posição definida) do analista quanto ao significado de situações ou fatos passados ou presentes. O estado da mente é de Certeza e a operação intelectual é o Raciocínio. Não há projeção dos fatos ou situação futura.

Apreciação é o Conhecimento resultante de raciocínio elaborado e que expressa a opinião do analista quanto ao significado de situações ou fatos passados ou presentes, ou de um futuro imediato. O estado da mente é de Opinião e a operação intelectual é o Raciocínio.

Estimativa é o Conhecimento resultante da aplicação de técnicas complexas, principalmente de prospecção, elaborado por equipe com vários analistas, projetado adiante no tempo, e que expressa a opinião sobre a evolução de um fato ou situação. O estado da mente também é de Opinião e a operação intelectual também é o Raciocínio.

Relatório de Inteligência (RELINT) é um documento externo, padronizado, no qual o analista transmite conhecimentos para outras agências, dentro ou fora do seu sistema. Alguns sistemas de Inteligência abandonaram os documentos anteriormente citados e passaram a adotar somente o RELINT. Para a sua elaboração, faz-se necessário conhecer a teoria de produção de documentos e a classificação já exposta (Informe, Informação, Apreciação e Estimativa). O tipo de conhecimento transmitido deverá estar explícito na forma de redação.

Pedido de Busca (PB) é um documento externo, padronizado, no qual o analista solicita dados e/ou conhecimentos de outras agências, dentro ou fora do seu sistema. São respondidos por meio de Informe ou Informação.

Os documentos de Inteligência deverão ser redigidos em texto simples, coerente, ordenado, lógico, cronológico, conciso, claro e objetivo. Dependendo do sistema de Inteligência pode conter o indicativo da agência produtora e sua subordinação além da classificação sigilosa, atribuindo um grau de sigilo ao documento.

Os documentos de Inteligência não devem(é diferente de não podem) ser inseridos em processos administrativos nem em procedimentos apuratórios. O seu conhecimento pode e deve ser usado de acordo com as normas de cada instituição. Eles devem ficar restritos às agências de Inteligência e às respectivas autoridades do canal de comando. O mais importante é usar o Conhecimento sem o documento formal e preservar o agente de Inteligência e a instituição.

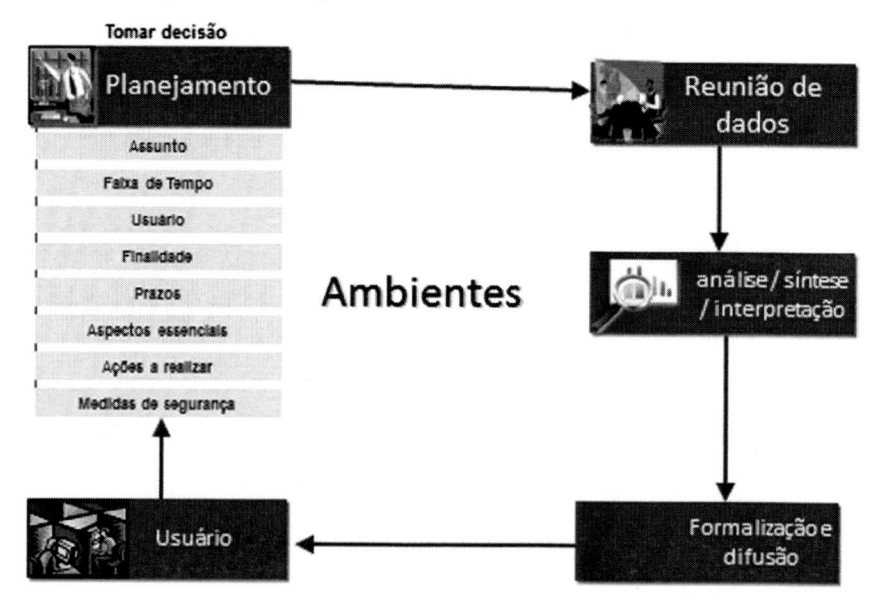

Produção do Conhecimento

3.8 Um Caso Real

Em 2006, a conceituada Juíza Denise Frossard, então Deputada Federal e candidata ao governo do Estado do Rio de Janeiro, declarou em programa televisivo de grande audiência que as armas da criminalidade carioca pertenciam ao acervo das Forças Armadas.Como era de se esperar, os entrevistadores ficaram alarmados e o fato teve repercussão altamente negativa na opinião pública e no meio militar.

Seguindo a metodologia do Ciclo de Inteligência, a Marinha, o Exército, a Aeronáutica e o Ministério Público Militar (MPM) fizeram uma Apreciação do Conhecimento para prestar as devidas informações à população.

A Apreciação do MPM chegou a ser apresentada de modo sintético, em 2008, à CPI das Armas da Assembleia Legislativa do Estado do Rio de Janeiro (ALERJ) e, posteriormente, veiculada na mídia. Eis alguns dados interessantes constantes:

"[...] A violência com armas de fogo e com munições reflete negativamente na segurança pública e ameaça o poder do Estado.

A legislação brasileira impõe rigores para uma pessoa obter e manusear armas de fogo, porém os agentes do crime não se submetem às determinações legais, pois necessitam delas para a defesa de seus pontos de venda de drogas, coação psicológica da população, afirmação, aumento de prestígio junto à comunidade, assaltos a bancos e a carros-fortes, sequestros, contrabando e delitos conexos.

O risco de morrer de ferimentos causados por armas de fogo no Brasil é 2,6 vezes maior do que em qualquer outro país, e a maioria dessas mortes é por homicídio.

Aproximadamente, 10 000 000 de armas ilegais circulam no País, das quais 4.700.000 em poder dos bandidos e o restante em domicílios de cidadãos de bem, mas que não as registram ou renovam suas permissões.

Existem cerca de 5.400.000 armas regulamentadas, sem contar com as existentes nas Forças Armadas e nas Forças de Segurança Pública.

No Brasil, 70% de homicídios são perpetrados utilizando armas de fogo (Ministério da Saúde Brasileiro, 2008b)[11]. Em 1982, a taxa de mortes relacionadas a armas de fogo era de 7,2 por 100 mil habitantes, e, em 2002, essa taxa havia aumentado para 21,8 mortes por 100 mil habitantes.

O custo da assistência médica em um hospital com ferimentos causados por armas de fogo ficou entre 36.129.756 e 38.926.899 dólares em 2002 (PHEBO, 2005).

Morrem anualmente cerca de 35 mil pessoas por armas de fogo.

O tráfico de armas é um ilícito que, normalmente, inicia-se com uma ação legal, migrando para a ilegalidade durante a comercialização, diferentemente do tráfico de drogas, cujas fases são todas ilegais.

Aproveitando-se da falta de estrutura social e do vazio do Poder, os criminosos implantaram um comando paralelo financiado pelo tráfico de drogas. E daí surgiram as facções criminosas, cada vez mais atuantes, e recentemente as milícias, que passaram a disputar entre si a liderança pelo controle das comunidades carentes.

É sabido que as Forças Armadas têm quartéis que sofrem implicações direta ou indiretamente na segurança orgânica por ações deletérias dos marginais dessas comunidades.

O tráfico de armas e munições no Brasil é realizado por via terrestre, aérea e aquática.

A via terrestre rodoviária é a mais utilizada pelo tráfico, por causa da grande capilaridade da rede viária e pelo número de veículos que nela circulam, facilitando a redução do volume de carga e do risco de perda, sem falar na tênue fiscalização rodoviária no País.

As principais causas do aumento do tráfico de armas no Brasil são o crescimento da criminalidade com a expansão das atividades das organizações criminosas; a permeabilidade dos quase 16.000 km de fronteiras terrestres, grande parte em linha seca e com inúmeros locais de passagem para os países vizinhos, principalmente as cidades gêmeas, como Letícia (Colômbia)/ Tabatinga (Brasil); o litoral extenso com cerca de 7.400 km e sem Guarda Costeira; a proximidade com países que facilitam a importação de armas; e o atrativo do lucro certo e elevado.

---

11   http://www.flacso.org.br/portal/pdf/serie_estudos_ensaios/Pablo_Dreyfus.pdf

O problema é agravado pelo deficiente sistema de proteção e vigilância da fronteira, em particular na região Amazônica, onde existem numerosos campos de pouso não catalogados e vários rios com nascentes (cabeceiras) no exterior e que adentram ao Brasil.

A tudo isso somam-se as áreas de pobreza sem oferta de trabalho, a fiscalização ineficaz, a corrupção, a impunidade e o fraco aparato dos órgãos de segurança pública.

As rotas terrestres que partem da Fronteira Oeste convergem para as cidades de São Paulo e Rio de Janeiro, onde atuam grupos armados ilegais que necessitam de armas de fogo para suas atividades ilícitas.

Compete ao Exército Brasileiro autorizar e fiscalizar a produção e o comércio de armas de fogo e demais produtos controlados, inclusive o registro e o porte de armas de Colecionadores, Atiradores e Caçadores (CAC).

Pela Lei n° 9437, de 20 de fevereiro de 1997, que instituiu o Sistema Nacional de Armas, o Exército passou a compartilhar com a Polícia Federal a fiscalização de armas de fogo de uso permitido, ficando somente com a responsabilidade das pertencentes a seus integrantes, aos CAC e às Forças Auxiliares.

Grande quantidade de armamento apreendido pela polícia tem sua remessa postergada para o Exército e, até mesmo, evitada.

Muita munição é armazenada em locais inadequados comprometendo a segurança, sem que o Exército tome conhecimento e providências em tempo hábil.

Há grande dificuldade para o rastreamento de armamento e munição, desde o fabricante até o comprador ou detentor. A Lei n° 10.826, de 22 de dezembro de 2003, buscou corrigir esse ponto fraco, mas está sendo burlada.

O armamento e a munição apreendidos pelas autoridades competentes deverão ser encaminhados aos depósitos e paióis das Unidades do Exército. No período de 2000 a 2007, a Força Terrestre destruiu 748 000 armas.

Convém registrar que anteriormente à Portaria do Exército n° 005, D Log, de 14 de novembro de 2007, já havia ocorrido tráfico de armas pela via postal, envolvendo sócios de clubes de tiro. Esta Portaria, posterior ao Estatuto do Desarmamento, veda o transporte de armas, munições e explosivos pelo Correio, mas admite no seu Art. 4°, apesar de restrições, a utilização do Serviço de Encomendas Expressas (SEDEX). Esta brecha da legislação pode ser aproveitada por criminosos.

Em 31 de outubro de 2008, carteiros do Centro de Distribuição Domiciliar de Botafogo/RJ se assustaram e viveram momentos de tensão ao descobrirem, por acaso, o conteúdo de minicontêineres com 80 fuzis 7,62 e 400 carregadores, remetidos pela Indústria de Material Bélico do Brasil (IMBEL), de

Itajubá/ MG para o BOPE da PMERJ.A referida remessa ganhou manchete em noticiários de jornais e TV, deixando as autoridades policiais surpresas e descontentes com o vazamento da aquisição e a forma de remessa. Deveria ter havido maior preocupação com a segurança: uma encomenda de tal envergadura merecia, até, uma escolta policial.

Os locais que possuem armas e munições são alvos prioritários como estabelecimentos de venda, foros judiciais que guardam armas utilizadas em crimes, delegacias policiais, residências de militares, colecionadores, atiradores e de caçadores, além de quartéis das Forças Armadas e de organizações policiais.

Segundo relatório da subcomissão da CPI do Tráfico de Armas, no período de 1990 a 2005, foram rastreadas 10 549 armas apreendidas pela Força de Segurança Pública do Rio de Janeiro.

A significativa quantidade de munição apreendida, dos calibres 5,56mm e 7,62mm, e a quantidade de roubos/furtos de armamento e munição na cidade do Rio de Janeiro- um dos maiores centros de comércio de armas e munições ilegais da América Latina- sinaliza que as facções criminosas estão usando os mesmos calibres usados nos fuzis das Forças Armadas e da Polícia carioca.

Para combater a violência praticada com armas de fogo, o Estado tem de manter um rígido controle de armas.[...]"

No período de 2004 a 2008, em todo o País, foi extraviada das organizações militares a seguinte quantidade de armas:

Força	Qtd	%
Exército	122	54,7%
Aeronáutica	70	31,4%
Marinha	29	13,0%
Não identificada	2	0,9%
TOTAL	223	100%

Cidade	Qtd	%
Rio de Janeiro	112	50,2%
Porto Alegre	26	11,7%

Cidade	Qtd	%
Manaus	20	9,0%
Belém	12	5,4%
Fortaleza	11	4,9%
Campo Grande	11	4,9%
Bagé	8	3,6%
São Paulo	8	3,6%
Juiz de Fora	5	2,2%
Salvador	4	1,8%
Curitiba	4	1,8%
Recife	2	0,9%
TOTAL	223	100%

A quantidade de armamento roubado/furtado/extraviado, durante 5 anos, nas Forças Armadas, é um fato anormal, grave e de grande repercussão na mídia.

Porém, ela se enquadra dentro do percentual residual se comparada com o acervo das Forças Armadas e se levarmos em consideração que a Apreciação não citou a quantidade de armas recuperadas pelas Forças Singulares.

A título de comparação, basta citar que no Complexo do Alemão, no Rio de Janeiro, havia cerca de 500 fuzis, mais do que o dobro das 223 armas extraviadas nas Forças Armadas, em 5 anos.

Pode-se, então, concluir que a ilustre Juíza Denise Frossard estava mal informada em 2006.

3.9 Exercício Hipotético de Planejamento

a) Dados Conhecidos

1. A questão do roubo de carga, particularmente o de remédios, tornou-se um assunto preocupante devido às suas graves conse-quências que podem afetar a saúde pela venda desenfreada de medicamentos restritos e fora da validade, além dos prejuízos financeiros à indústria.

2. Os crimes ocorrem normalmente durante os dias úteis da semana e em dias não chuvosos.

3. Os assaltos ocorrem mais em áreas urbanas.

4. Atualmente, algumas transportadoras passaram a gastar cerca de 10 % de seu faturamento bruto com investimento em veículos controlados por satélites. Em anos anteriores, esse gasto não ultrapassava 2%.

5. O sistema de rastreamento e comunicação via satélite pode reduzir pela metade o tempo de viagem e triplica a produtividade, por permitir o monitoramento completo do veículo, evitando paradas desnecessárias ou eventuais.

6. Os agentes do crime se utilizam de equipamento jammer neutralizador de rastreador de veículos. O dispositivo anula o sinal do rastreador e do gps, sendo vulgarmente conhecido por capetinha ou chupa cabra.

7. O prejuízo da empresa por ter uma carga roubada passa invariavelmente para o consumidor.

8. Os gastos realizados contra a violência poderiam ser aplicados em outros setores como educação e saúde.

9. O roubo de carga é uma atividade ilícita em crescimento e muito rentável para os criminosos.

10. No 2º semestre de 2012 , ocorreu aumento de 39% de roubos de carga na cidade ALFA em relação ao mesmo semestre de 2011.

11. A Imprensa tem dado grande destaque aos roubos de carga e às prisões de integrantes dessas organizações criminosas.

12. A Secretaria de Segurança Pública do Município vem acompanhando a problemática dessa modalidade de crime com o intuito de produzir ações preventivas e repressivas ao roubo de carga.

13. Há indícios de envolvimento de alguns integrantes da Guarda Municipal com o roubo de carga (Informe B2).

14. No dia 30 de abril de 2013, a Secretaria promoverá uma reunião com os principais interessados em reprimir essa modalidade de delito.

b) Em 04 de abril de 2013, o Gerente de Segurança Empresarial da indústria farmacêutica FCDF, a maior do Município, solicitou ao analista da assessoria de Inteligência que produzisse até 19 de abril de 2013, um Conhecimento sobre roubo de cargas, incluindo os de medicamentos, considerando o período de 01de julho de 2012 a 01de abril de 2013.

c) Aplicando a metodologia para a Produção do Conhecimento, o analista de Inteligência realizou o Planejamento para cumprir a solicitação do Gerente da Segurança Empresarial, a seguir sintetizado:

1. ASSUNTO (O quê? Quem? Onde?) : roubo de carga na cidade ALFA;

2. FAIXA DE TEMPO (determinar limite de tempo e abrangência do assunto): de 01de julho de 2012 a 01de abril de 2013;

3. USUÁRIO (quem são e os seus níveis):gerente e nível superior;

4. FINALIDADE (para quê): assessorar o Gerente de Segurança Empresarial da FCDF sobre roubo de cargas, visando à reunião com o Secretário de Segurança;

5. PRAZO (tempo disponível para produzir o conhecimento e estabelecer prioridades): 19 de abril de 2013;

6. ASPECTOS ESSENCIAIS CONHECIDOS (listar os itens conhecidos que contribuem para a solução do problema).

No caso, basta fazer uma síntese dos "Dados Conhecidos" constantes da letra a) deste exercício hipotético.

7. ASPECTOS ESSENCIAIS A CONHECER (listar o que ainda precisa saber para solucionar o problema)

- principais vias utilizadas;
- prisões de assaltantes e suspeitos;
- locais e horários de maior incidência de roubo;
- estrutura básica da organização criminosa;

- envolvimento de servidores municipais, nomes e registros policiais;
- quantidade de medicamentos roubados;
- valor da carga roubada;
- proteção dos motoristas;
- eficiência do policiamento;
- vulnerabilidades existentes;
- desfazimento das mercadorias roubadas;
- novas tecnologias para se contrapor ao jammer;
- outros dados úteis.

8. AÇÕES A REALIZAR (expedir Pedido de Busca às agências de Inteligência que possam fornecer informações relacionadas com os Aspectos Essenciais a Conhecer);

9. MEDIDAS DE SEGURANÇA (preservar o sigilo das informações difundidas e coletadas).

d) Em consequência, foi elaborado um Pedido de Busca (PB) encaminhado às Agências de Inteligência públicas e/ou privadas do Município ALFA.

(CLASSIFICAÇÃO SIGILOSA)
PEDIDO DE BUSCA Nr /13 – AI/FCDF

1. DATA: 05 Abr 13
2. ASSUNTO: ROUBO DE CARGA EM ALFA
3. ORIGEM: AI/FCDF
4. DIFUSÃO: AI/...
5. DIFUSÃO ANTERIOR: -
6. REFERÊNCIA: -
7. ANEXO: -

---

1) ASPECTOS CONHECIDOS
   a. A questão do roubo de carga, particularmente o de remédios, tornou-se um assunto preocupante devido às suas graves consequências que podem afetar a saúde pela venda desenfreada de

medicamentos restritos e fora da validade, além de prejuízos financeiros à indústria.

b. Os crimes ocorrem normalmente durante os dias úteis da semana e em dias não chuvosos.

c. Os assaltos ocorrem mais em áreas urbanas.

d. Atualmente, algumas transportadoras passaram a gastar cerca de 10 % de seu faturamento bruto com investimento em veículos rastreados por satélites. Em anos anteriores, esse gasto não ultrapassava 2%.

e. O sistema de rastreamento e comunicação via satélite pode reduzir pela metade o tempo de viagem e triplica a produtividade, por permitir o monitoramento completo do veículo, evitando paradas desnecessárias ou eventuais.

f. Os agentes do crime se utilizam de equipamento que neutralizam os rastreadores de veículos.

g. O prejuízo da empresa por ter uma carga roubada passa invariavelmente para o consumidor.

h. Os gastos realizados contra a violência poderiam ser aplicados em outros setores como educação e saúde.

i. O roubo de carga é uma atividade ilícita em crescimento e muito rentável para os criminosos.

2) ASPECTOS SOLICITADOS
   a. Principais vias utilizadas?

b. Prisões de assaltantes já realizadas? Nomes dos agentes do crime?

c. Número de roubo de cargas registrado em ALFA? Tipos de carga?

d. Envolvimento de servidores municipais?

e. Qual o dia da semana com maior incidência de roubo?

f. Quais os locais e horários de maior incidência de roubo?

g. Qual a estrutura básica da organização criminosa{ setores de cobertura(servidores do município, advogados...), operações(ladrões, motoristas de carretas, arrumadores de carga...) e receptadores}?

h. Quantidades de medicamentos e valor total da carga roubada?

i. Qual a proteção para os motoristas?

j. Qual a capilaridade das ruas?

k. Qual o dispositivo do policiamento?

l. Como é feito o desfazimento das mercadorias roubadas?

m. Quais as vulnerabilidades existentes?

n. Existe equipamento neutralizador de rastreador de veículos? Onde adquiri-lo?

3) INSTRUÇÕES ESPECIAIS

Priorizar a segurança da informação.
Responder este PB até 15 Abr 2013.

(Classificação Sigilosa)

Capítulo 4

Classificação de Documentos Sigilosos

"A calúnia assemelha-se ao carvão: quando não queima, suja."
(TOFANELLI)

4.1 Generalidades

Historicamente, todos os países do mundo – principalmente as superpotências – tiveram enorme preocupação com a guarda, o trato, o mecanismo e a classificação dos materiais e documentos sigilosos. Este grau de sigilo, presente em todas as atividades, principalmente na produção industrial e na fabricação de armamentos, atingia o seu clímax durante a situação de beligerância entre países e os conflitos armados.

E, no Brasil, não poderia ser diferente.

Após a Revolução de 1964, os governos militares, preocupados com os sequestros, os atos terroristas, as guerrilhas urbana e rural, dedicaram especial atenção à difusão, ao mecanismo e à tramitação da documentação sigilosa.

Os prazos de duração da classificação sigilosa nos documentos ultrassecretos e secretos, por exemplo, chegaram a ultrapassar duas décadas. E, para descaracterizá-los, havia necessidade de ser cumprido um ritual rígido.

Um documento considerado ultrassecreto só poderia ser assim classificado pelo Presidente da República, Vice-Presidente, Ministros de Estado e Chefes de Missões Diplomáticas permanentes no exterior.

O Governo Sarney representou uma transição entre o governo militar e a plena democracia. Com muita habilidade e atraindo os militares para sua sustentação, praticamente nada foi mudado em termos de Informações de alto nível e no trâmite e classificação do material e da documentação sigilosas. Não houve revanchismo no Governo Sarney.

O Governo Collor, contando com o respaldo e o voto popular, extinguiu o Serviço Nacional de Informações (SNI) e rompeu um sistema que vinha sendo seguido desde o Movimento de 1964.

Porém, em termos legais, não houve qualquer modificação na classificação de documentos sigilosos.

Com o aperfeiçoamento democrático, foi exarado o Decreto n° 4553, de 27 de dezembro de 2002, com alterações introduzidas pelo Decreto n° 5301, de 09 de dezembro de 2004, regulando a classificação sigilosa dos documentos.

Mas o Art 7° dos referidos regimentos legais continuou a definir os seguintes prazos de duração da citada classificação sigilosa, a partir da data de produção do dado ou informação:

- documentos ultrassecretos: máximo de trinta anos;
- documentos secretos: máximo de vinte anos;
- documentos confidenciais: máximo de dez anos; e
- documentos reservados: máximo de cinco anos.

Com a pressão de segmentos da sociedade, de organizações não governamentais, de Comissões diversas, como a dos Direitos Humanos, de Desaparecidos e da Verdade, e com o respaldo do Governo, houve uma radical mudança no entendimento dos documentos sigilosos, na sua classificação, tramitação e prazo de duração.

4.2 Legislação Atual

O Decreto n° 7845, de 14 de novembro de 2012, que regulamenta procedimentos para credenciamento de segurança, revogou os Decretos n° 4553, de 27 de dezembro de 2002, e n° 5301, de 09 de dezembro de 2004.

No parágrafo único do seu Art 18 está previsto que o "acesso à informação classificada em qualquer grau de sigilo da pessoa não credenciada ou não autorizada por legislação poderá, excepcionalmente, ser permitido mediante a assinatura de Termo de Compromisso de Manutenção do Sigilo".

O documento ultrassecreto é considerado "documento controlado" desde a sua classificação ou reclassificação. Os demais documentos sigilosos também poderão ser considerados "controlados", devendo ser observadas as prescrições constantes do Art 21 do referido Decreto.

A Lei 12.527, de 18 de novembro de 2011, que regula o acesso a informações, prevê no inciso III do Art 4° que a informação sigilosa é "aquela submetida temporariamente à restrição de acesso público em razão de sua imprescindibilidade para a segurança da sociedade e do Estado".

O Art 5° define que " é dever do Estado garantir o direito de acesso à informação, que será franqueada, mediante procedimentos objetivos e ágeis, de forma transparente, clara e em linguagem de fácil compreensão".

O parágrafo único do Art 21 da referida Lei prevê que "as informações ou documentos que versem sobre condutas que impliquem violação dos direitos humanos praticada por agentes públicos ou a mando de autoridades públicas não poderão ser objeto de restrição de acesso".

O inciso VIII do Art 23 garantiu classificação sigilosa às informações consideradas imprescindíveis à segurança da sociedade e do Estado que possam comprometer atividades de Inteligência, bem como de investigação ou fiscalização relacionadas com a prevenção ou repressão de infrações.

O parágrafo 1° do Art 24 diminuiu o prazo de duração dos documentos sigilosos, anteriormente estipulado no Art 7° do Decreto 4553, de 27 de dezembro de 2002, e acabou com os documentos Confidenciais. Os prazos máximos de restrição de acesso à informação passaram a ser os seguintes:

- ultrassecreta: vinte anos;
- secreta: quinze anos;
- reservada: cinco anos.

Somente as seguintes autoridades poderão classificar um documento como ultrassecreto:

- Presidente da República;
- Vice-Presidente da República;
- Ministros de Estado e autoridades com as mesmas prerrogativas;
- Comandantes da Marinha, do Exército e da Aeronáutica; e
- Chefes de Missões Diplomáticas e Consulares permanentes no exterior.

Eles poderão delegar esta responsabilidade a agentes públicos, mediante rígidas medidas de controle previstas na legislação. Entretanto, é vedada a subdelegação.

O Art 32, inciso I , da citada Lei, considera conduta ilícita do agente público ou militar que recusar-se a fornecer a informação requerida, com a formalidade exigida, retardá-la deliberadamente ou fornecê-la, intencionalmente, de forma incorreta, incompleta ou imprecisa.

Capítulo 5
Avaliação da Fonte e do Conteúdo

" Todos os órgãos humanos , a certa altura,
ficam cansados. Menos a língua."
(KONRAD ADENAUER)

5.1 Generalidades

FONTE: http://portaldoprofessor.mec.gov.br/fichaTecnicaAula.html?aula=40606

Os Informes têm sido de grande valia, desde a Antiguidade, para a coleta de Informações em todos os países do mundo.

Um Informe confirmado por fontes diversas pode dar margem a preciosas Informações.

Atualmente, a Inteligência e a Contrainteligência se valem de Informes para o desenvolvimento de suas atividades e a realização de suas operações.

Nos governos militares, no Brasil, foram utilizados em abundância e, às vezes, mal avaliados quanto à fonte e ao conteúdo, deram origem aos desacreditados "consta que..." tão criticados pela Imprensa e pela opinião pública.

O Informe deve-- obrigatoriamente-- ser avaliado quanto à idoneidade da fonte e à veracidade de seu conteúdo.

O julgamento da fonte e do conteúdo são totalmente distintos.

A avaliação do Informe deve -- obrigatoriamente-- constar no seu cabeçalho.

O agente julga a idoneidade da fonte com letras de A a F e a veracidade do conteúdo do Informe com números de 1a 6.

Tradicionalmente, existem duas tabelas que podem auxiliar o analista na avaliação da fonte e do conteúdo e que estão transcritas no item 5.4 do presente Capítulo.

5.2 Julgamento da Fonte

Para o julgamento da fonte deve ser verificada a sua autenticidade, confiança e competência.

a) Autenticidade

Pergunta-se:

O dado provém realmente da fonte presumida?

Em caso afirmativo, foi nela que o dado se originou?

Verifica-se:

- meios transmissores ou meios pelos quais passou o dado;
- processo utilizado para identificação e reconhecimento dos informantes;
- oportunidade de observação (teve a chance de ver os dados?).

b) Confiança

Pergunta-se:

- Quem é a fonte?
- Qual o envolvimento da fonte no episódio descrito?
- Qual o interesse da fonte ao fornecer o dado?

Verifica-se:

- antecedentes (criminais, políticos, de lealdade, de honestidade);
- padrão de vida compatível ou não com seu poder aquisitivo (cargo, emprego, situação em relação ao Órgão de Inteligência/OI);
- contribuições já prestadas ao OI (precisão dos dados);
- motivação (ciúme, vingança, patriotismo, pagamento, interesse pessoal).

c) Competência

Pergunta-se:
- A fonte está habilitada a perceber e a transmitir o dado?
- A localização da fonte permite perceber o fato ou situação que descreve?

Verifica-se:
- atributos pessoais da fonte para perceber, memorizar e descrever o fato ou a situação (experiência relativa ao assunto);
- considerações sobre: data, hora, local, etc. (oportunidade de observação).

5.3 Julgamento do Conteúdo

Para o julgamento do conteúdo deve-se verificar a coerência, a compatibilidade e a semelhança.Assim, conclui-se sobre o grau de veracidade do Informe.

a) Coerência

Pergunta-se:
- O dado em julgamento apresenta contradições em seu conteúdo?

Verifica-se:
- a harmonia interna do dado;
- o encadeamento lógico.

b) Compatibilidade

Pergunta-se:
- O dado se harmoniza com outros dados ou conhecimentos conhecidos?

Verifica-se:
- relacionamento do dado com o que se sabe sobre o fato ou situação que é seu objeto;
- grau de harmonia.

c) Semelhança

Pergunta-se:
- O dado provém realmente de outra fonte?

Verifica-se:
- meios transmissores ou meios pelos quais passou o dado;
- se há outro dado cujo conteúdo esteja em conformidade com o atual.

5.4 Tabelas para Julgamento da Fonte e do Conteúdo

a) Tabela de julgamento da fonte

A: inteiramente idônea, é aquela que vem sendo utilizada ao longo do tempo e que sempre atendeu aos aspectos considerados de maneira positiva .

B: normalmente idônea, é aquela que deixou de atender a um ou mais parâmetros da avaliação em algumas oportunidades.

C: regularmente idônea, é aquela que se coloca numa posição intermediária, entre o número de ocasiões em que se conduziu positivamente ou não, em relação às avaliações.

D: normalmente inidônea , é aquela que na maioria das oportunidades deixou de atender aos parâmetros considerados.

E: inidônea , é aquela que deixou de atender sempre aos aspectos observados.

F: não pôde ser avaliada .A fonte era desconhecida até o momento.

b) Tabela de julgamento do conteúdo

1: confirmado por outras fontes , quando difundido por outras fontes e apresenta um conteúdo coerente e compatível.

2: provavelmente verdadeiro, embora não tenha sido confirmado por outras fontes, apresenta coerência e compatibilidade.

3: possivelmente verdadeiro, apesar de não ser confirmado, é coerente e possui compatibilidade parcial.

4: duvidoso, embora coerente, não pôde ser confirmado e é pouco compatível com o que já se conhece sobre o fato e/ou situação considerados.

5: improvável, quando o dado não apresentou compatibilidade e não pôde ser confirmado, embora seja coerente e haja harmonia no conteúdo.

6: não pôde ser avaliado, isto é não apresentou nenhuma característica de semelhança, coerência e compatibilidade.

c) Exemplos de Avaliação de Informes

A-2: Fonte inteiramente idônea e conteúdo provavelmente verdadeiro;

B-1: Fonte normalmente idônea e conteúdo confirmado por outras fontes.

5.5 Exercício de Técnica de Avaliação de Dados

a) Dados Confirmados pela Agência de Inteligência(AI)

A EPPM, do ramo de prospecção e pesquisa mineral, está em larga expansão, realizando o gerenciamento das operações com resultados cada vez mais lucrativos e competitivos no setor.

A EPPM deve assumir a liderança do mercado em curto prazo de tempo.

A AMG, empresa concorrente, com vasta experiência adquirida ao longo dos anos, preocupada com as constantes atualizações técnicas da EPPM, levanta dados sobre seus novos empreendimentos.

Pelo gigantismo dos negócios, a EPPM apresenta vulnerabilidade na proteção da informação.

Na busca de informações, a AMG tem procurado saber a movimentação do grupo líder da EPPM pelo Núcleo de Viagens e Hospedagens Corporativas(NVHC) que está em fase de reestruturação.

O segundo Congresso, com objetivo de formar um grupo com as dez maiores empresas no ramo, está previsto para ser realizado na semana de 23 a 27 de julho de 2013, no Zimbábue.

Apesar da expansão, a EPPM obriga a direção a adotar uma forte contenção de despesas, em face da instabilidade financeira mundial.

b) Dados Recebidos pela AI

DADO Nr 01 – FONTE A
O Presidente da EPPM viajará para a Cidade de Harare, no dia 22 jul. 2013, no voo 501 da Aviação do Zimbábue que sai de São Paulo/ SP às 18 h 00 min.

DADO Nr 02 – FONTE B
O Presidente da EPPM viajará para a Cidade de Harare, no dia 24 jul. 2013, no voo 501 da Aviação do Zimbábue, que sai de São Paulo/ SP às 18h 00min.

DADO Nr 03 – FONTE C
Representando as suas empresas, comparecerão ao Congresso os presidentes, diretores e assessores das áreas técnicas. As comitivas ficarão hospedadas em hotel cinco estrelas. Além disso, cada um terá ao seu dispor um automóvel alugado e receberá uma diária de R$ 2000,00, tudo custeado pelas empresas.

DADO Nr 04 – FONTE D
A EPPM custeará a ida de toda a comitiva ao Congresso, de 23 a 27 jul. 2013. Durante o período de 23 a 26 jul. 2013, esses dirigentes estarão realizando um passeio pelas cataratas de Harare e por outros pontos turísticos da Cidade.

c) Dados Disponíveis sobre as Fontes

Fonte A

- Informante da concorrente há cinco anos

- Coopera com a segurança empresarial da AMG, mediante pagamento, fornecendo dados que sempre se comprovam

- Passou o dado em questão em contato pessoal com um agente da empresa

- Trabalha no NVHC, em função de confiança

- Ambicioso

- Ascendeu ao cargo de confiança graças à sua inteligência e competência

- De origem humilde (sua família era pobre)

- Está cursando o terceiro ano de Psicologia em uma faculdade particular

Fonte B

- Nunca trabalhou para a segurança empresarial da AMG

- Procurou a segurança empresarial da AMG por vontade própria

- Afirmou que está sendo perseguido na EPPM

- Propôs tornar-se informante da segurança empresarial da AMG

- Trabalha no protocolo da EPPM

- Possui o segundo grau incompleto

- Afirmou que ouviu o dado em uma conversa na sala do Diretor Administrativo, quando entregou documentos à Secretária

- Disse que para fornecer mais dados, gostaria de receber alguma gratificação, considerando que, sendo uma pessoa de poucos recursos, não poderia arriscar seu emprego gratuitamente

Fonte C

- Fornece dados para a segurança empresarial há três anos

- Passou o dado em uma visita à segurança empresarial

- Proprietário de uma pequena distribuidora de jornais e revistas

- Distribui jornal na EPPM

- Tem livre trânsito na sede da EPPM

- Metade dos dados que fornece não se comprovam

- Sente-se importante ao cooperar com a AMG

- Possui memória acima da média

Fonte D

- Fornece dados para a segurança empresarial há dois anos

- Forneceu o dado a um consultor que a procurou

- Trabalha em uma agência de viagens que possui a EPPM como cliente

- Ex-soldado da Polícia Militar do Estado

- Ouviu o dado de uma amiga que trabalha em outra agência de viagens

- Quando servia na polícia, realizou trabalho de pesquisa para a EPPM

- Em algumas ocasiões, os dados por ela fornecidos não se comprovam

d) Pedido

Como analista da AMG e aplicando a Técnica de Avaliação de Dados, realize o julgamento da fonte, atribuindo, ao final, o grau de idoneidade que lhe pareça mais adequado, e o julgamento do conteúdo indicando o seu grau de veracidade.

Para tal, considere os princípios citados nos itens 5.2 e 5.3 e as tabelas constantes do nº 5.4 do presente Capítulo.

e) Uma Solução ao Pedido

1. Julgamento da Fonte

   a) Fonte A

   AUTENTICIDADE

   - O dado foi fornecido pela própria fonte em um contato pessoal.

   CONFIANÇA

   - É informante há cinco anos

   - Fornece dados que sempre se comprovam

   - Coopera mediante pagamento (é indenizado)

   - De família humilde (origem pobre)

   - É ambicioso

   COMPETÊNCIA

   - É inteligente e competente

   - Trabalha no NVHC, possuindo um cargo de confiança

   GRAU DE IDONEIDADE

   - "A"- Inteiramente Idônea

   b) Fonte B

   AUTENTICIDADE

   - O dado foi fornecido pela própria fonte

   - Ouviu o dado em uma conversa na sala do Diretor Administrativo, quando entregou documentos à Secretária

CONFIANÇA

- Está sendo perseguido na EPPM

- Nunca trabalhou para a AMG

- Está pronto para tornar-se informante, desde que receba alguma gratificação

- É de origem humilde (pobre)

COMPETÊNCIA

- Segundo grau incompleto

- Trabalha no protocolo da EPPM

GRAU DE IDONEIDADE

- " F"- Não pôde ser avaliada

c) Fonte C

AUTENTICIDADE

- O dado foi fornecido pela própria fonte em uma visita à AMG

CONFIANÇA

- Fornece dados há três anos

- Metade dos dados que fornece não se comprovam

- Sente-se importante em cooperar com a AMG

COMPETÊNCIA

- Possui grande capacidade de memorização

- Proprietário de uma pequena banca de jornais e revistas, distribuindo-os à EPPM

GRAU DE IDONEIDADE

- " C" – Regularmente Idônea

d) Fonte D

AUTENTICIDADE

- Ouviu o dado de uma amiga que trabalha em outra agência de viagens (a amiga é a fonte)

CONFIANÇA

- A amiga é a fonte e desconhecida pela AMG

COMPETÊNCIA

- Não se sabe a da fonte (amiga) e somente a de D.
- Ex-soldado da Polícia Militar do Estado
- Realiza trabalho de pesquisa

GRAU DE IDONEIDADE

- "F" –Não pôde ser avaliada já que a amiga é a fonte

2. Julgamento do Conteúdo

Dado Nr 01 – Fonte A

O Presidente da EPPM viajará para a Cidade de Harare , no dia 22 jul. 2013, no voo 501 da Aviação do Zimbábue, que sai de São Paulo/SP às 18 h 00 min.

COERÊNCIA

- É coerente

COMPATIBILIDADE

- É compatível

SEMELHANÇA

- Falta ser confirmado por outra fonte

GRAU DE VERACIDADE

- "2" – Provavelmente Verdadeiro.

Dado Nr 02 – Fonte B

O Presidente da EPPM viajará para a Cidade de Harare, no dia 24 jul. 2013, no voo 501 da Aviação do Zimbábue, que sai de São Paulo/SP às 18h 00min.

COERÊNCIA

- É coerente

COMPATIBILIDADE

- É compatível

SEMELHANÇA

- Não foi confirmado por outra fonte

O Congresso é de fundamental importância para a EPPM. Logo, não é muito aceitável que seu Presidente só chegue no terceiro dia, embora os dois primeiros sejam de preparativos.

GRAU DE VERACIDADE

- "3" – Possivelmente Verdadeiro.

Dado Nr 03 – Fonte C

Representando as suas empresas, comparecerão ao Congresso os presidentes, diretores e assessores das áreas técnicas. As comitivas ficarão hospedadas em hotel cinco estrelas. Além disso, cada um terá ao seu dispor um automóvel alugado e receberá uma diária de R$ 2000,00, tudo custeado pelas empresas.

COERÊNCIA

- É coerente

COMPATIBILIDADE

- É de pouca compatibilidade

SEMELHANÇA

- Não foi confirmado por outra fonte

Apesar da expansão, a EPPM obriga a direção a adotar uma forte contenção de despesas, em face da instabilidade financeira mundial.

GRAU DE VERACIDADE

- "4" – Duvidoso.

Dado Nr 04 – Fonte D

A EPPM custeará a ida de toda a comitiva ao Congresso, de 23 a 27 jul. 2013. Durante o período de 23 a 26 jul. 2013, esses dirigentes estarão realizando um passeio pelas cataratas de Harare e por outros pontos turísticos da Cidade.

COERÊNCIA

- Não é coerente

COMPATIBILIDADE

- Não é compatível

SEMELHANÇA

- Não foi confirmado por outra fonte

Segundo o Informe, todos participarão do Congresso e, ao mesmo tempo, estarão realizando um passeio turístico com duração de quatro dias. A EPPM tem recomendação para cometimento financeiro(incompatibilidade).

O Congresso é de suma importância para a EPPM, não sendo aceitável que a chegada dos componentes da empresa se realize somente ao término, após um passeio turístico de quatro dias (incompatibilidade).

GRAU DE VERACIDADE

- "6" – A veracidade não pôde ser avaliada.

3. Julgamento da Fonte e do Conteúdo (Conclusão)

Dado Nr 01 – Fonte A

AVALIAÇÃO: A- 2

Dado Nr 02 – Fonte B

AVALIAÇÃO: F-3

Dado Nr 03 – Fonte C

AVALIAÇÃO: C- 4

Dado Nr 04 – Fonte D

AVALIAÇÃO: F-6

Capítulo 6
Entrevista e Interrogatório

" Vale mais sofrer injustiça do que cometê-la."
(SÓCRATES)

6.1 Conceitos

A Entrevista e o Interrogatório são fontes de informações humanas amplamente utilizadas pelo Departamento de Recursos Humanos de empresas e instituições e pela atividade de Inteligência. São extremamente úteis às investigações conduzidas por militares, policiais, investigadores, delegados, promotores, advogados e juízes.

Segundo o dicionário Aurélio, entrevista é:

- colóquio previamente marcado entre duas ou mais pessoas para se obter certo esclarecimento (entrevista com o médico, com um empregador);
- encontro combinado entre duas ou mais pessoas a fim de divulgar ou elucidar atos, ideias e planos de um dos participantes (uma entrevista com um ministro , com um artista);
- comentário ou opinião fornecida a entrevistadores para divulgação nos meios de comunicação.

A Entrevista é uma atividade com perguntas e respostas. Basicamente, exige um profundo conhecimento do processo de comunicação, da qualidade da comunicação, do estabelecimento de confiança e capacidade de entendimento entre as partes.

Entrevista é uma conversação mantida com propósito definido, planejada e controlada pelo entrevistador. O que deve determinar seu emprego é a necessidade de se obter respostas para dados negados ou desconhecidos. Com este enfoque, a Entrevista é extremamente útil à Inteligência e à Investigação.

O Interrogatório, também chamado de Inquirição, baseia-se em perguntas e respostas com a finalidade de coletar informações de testemunhas e suspeitos, necessárias ao esclarecimento de fatos, delitos ou crimes.

O Interrogatório é peça obrigatória na realização de sindicâncias, inquéritos e processos judiciais, estando previsto em Lei, no Código de Processo Penal, no Código de Processo Penal Militar e na III Convenção de Genebra de 1949.

Há um acentuado preconceito contra o Interrogatório, estigmatizado por denúncias de que desrespeitam o ser humano e que transgridem a Lei. Na maioria dos casos, os Interrogatórios são contestados pelos advogados de defesa.

A Investigação utiliza a Entrevista e o Interrogatório e pode ser pró-ativa ou reativa. A primeira é uma característica da Inteligência que assessora a uma decisão política e a segunda tende a uma decisão judicial ou policial.

A única diferença entre Interrogatório e Entrevista é que esta é consentida pelo alvo, havendo um ambiente normalmente cordial entre os interlocutores.

6.2 Objetivos

- Obter, confirmar ou fornecer dados.
- Mudar comportamentos.
- Obter a confissão do culpado (Interrogatório).
- Determinar todos os fatos, circunstâncias ou detalhes do crime, da ocorrência, ou daquilo que se deseja apurar.
- Identificar todos os cúmplices e/ou envolvidos no crime ou na ocorrência ou no fato motivador da Entrevista ou do Interrogatório.
- Obter dados que conduzam a apreensões e/ou a mais provas e/ou a mais esclarecimentos sobre o tema da Entrevista ou do Interrogatório.

6.3 Utilização

A Entrevista é muito mais informal do que o Interrogatório. É amplamente utilizada na contratação de pessoal e conduzida de forma muito natural, principalmente quando o assunto for do interesse do entrevistado.

A Entrevista também é utilizada para a obtenção de dados objetivos e para a eliminação de dúvidas, criando oportunidade para uma observação pessoal do entrevistado através de respostas espontâneas e reveladoras.

À semelhança do Interrogatório, a Entrevista também pode ser utilizada quando não houver outra maneira de se obter informações sobre determinado fato. Neste caso, a Entrevista deve ser muito bem preparada e o entrevistador deve ser realmente capaz para evitar a sua exposição e a da instituição, além de respeitar a situação do entrevistado.

A seguir transcrevo os importantes ítens da nota de aula 03.02.08/SISPERJ - Interrogatório.

6.4 Princípios

a) Observar ao máximo.

b) Considerar as reações do entrevistado ou do interrogado como importantes indícios.

c) Desenvolver a capacidade de memorização.

d) Manter a discrição.

e) Ouvir com atenção. As interrupções devem ser feitas com propriedade e rapidamente, com o intuito único de realimentar a conversação.

Uma das tarefas mais difíceis para o entrevistador é saber, durante uma divagação do entrevistado, detectar um ponto que se ligue com o tema principal e trazê-lo de volta. Neste caso, atente para a necessidade de cortesia e calma, sob pena de cortar-se o fluxo de palavras e prejudicar a comunicação.

f) Perguntar corretamente. As perguntas devem ser formuladas no momento oportuno, com atitude e gestos apropriados. As perguntas importantes devem ser memorizadas.

g) Registrar adequadamente. Uma boa memória ou o uso discreto de gravadores são boas soluções, permitem verificações e análises, além de um registro permanente.

A gravação autorizada pelo entrevistado pode provocar inibição ou timidez.

6.5 Posicionamento do Entrevistador/ Interrogador

- Demonstrar conhecimento do fato.
- Exteriorizar segurança.
- Ser simpático na Entrevista.
- Ser objetivo, evitando divagações.
- Mostrar atenção e tranquilidade.
- Inclinar o corpo na direção de quem fala.
- Evitar gestos e movimentos que provocam distração.
- Colocar-se à altura do olhar de quem fala.
- Manter-se numa distância adequada ao interlocutor.

6.6 Roteiro de Perguntas

- Formular, inicialmente, perguntas que não induzam o entrevistado a responder negativamente, nem assumir uma atitude defensiva.
- Ao começar a Entrevista, perguntar sobre assuntos agradáveis como diversões, esportes, família, filmes, trabalho, etc.
- Iniciar com perguntas que o entrevistado certamente responderá.
- Formular perguntas facilmente compreensíveis.
- Evitar ambiguidade.
- Fazer uma pergunta de cada vez.
- Partir do simples para o complexo e do conhecido para o desconhecido.
- Evitar respostas monossilábicas (sim/não).
- Não induzir as respostas.
- Ser objetivo (não se esquecer da missão).
- Não fazer perguntas cujas respostas possam servir para incriminar o entrevistado, exceto no Interrogatório.
- Terminar a Entrevista conversando sobre os mesmos assuntos do início, falando de coisas agradáveis e com perguntas que demonstrem interesse.

6.7 Fases da Entrevista

As fases apresentadas a seguir também são adaptáveis ao Interrogatório.

a) Aproximação (*rapport*)

É a fase de comunicação, na qual se procura granjear a confiança do entrevistado. A confiança mútua é de fundamental importância para o êxito da Entrevista.

Conhecer a arte de fazer amigos será de grande valia.

Eliminar tensões e tornar o entrevistado confiante, demonstrando interesse por sua pessoa e tratando de assuntos conexos.

Permitir que ele exponha os fatos à sua maneira, ajudando-o, em seguida, a sanar as omissões ou equívocos, controlando o assunto na medida do possível.

Provocar associações agradáveis, para isso deve-se levar em conta os seguintes aspectos: não se entrevista pessoas com fome, irritadas ou cansadas; o ambiente deve ser acolhedor.

b) Ataque aos pontos fortes

É o momento em que o entrevistador deve atentar para os padrões cultivados pelo alvo e aceitar, sem excessos e com moderação, a imagem que o mesmo está vendendo para reforçar a aproximação.

c) Ataque aos objetivos da missão

É a fase em que se busca o cumprimento da missão, mantendo o controle, sem ser dominador. Quando o alvo começar a falar, o entrevistador não deve interromper sob pena de causar ruído na comunicação. Porém, o entrevistador deve ser o detentor da iniciativa, conduzir a conversação e o entrevistado para o objetivo, fazendo uma pergunta de cada vez.

Sentindo convicção de que o entrevistado está disposto a colaborar, em condições de fornecer com precisão a informação desejada, o entrevistador deve incentivar a narrativa, ajudando-o a completá-la, analisando cada resposta e buscando caminhos para outras perguntas.

Deve-se ajudar o entrevistado a sentir sua responsabilidade quanto à veracidade dos fatos, dando a entender que a sua autenticidade será verificada posteriormente.

É importante lembrar que coerência nas declarações não significa que sejam verdadeiras.

Manter atitude de alerta para perceber os erros e omissões cometidos. São nos detalhes que se verifica a inconsistência das declarações.

O entrevistador deve evitar atitudes impertinentes. Não insistir na mesma pergunta se notar uma reação psicofisiológica negativa. Não tirar conclusões apressadas da Entrevista, baseando-se no conhecimento anterior que tenha sobre o entrevistado ou sobre o assunto. Ser simpático, não se irritar e nem hostilizá-lo. Separar fatos de opiniões.

d) Final da Entrevista

Por mais que se tente deixar o entrevistado à vontade, sempre existe uma tensão resultante da formalidade que ele persiste em dar à Entrevista.

Durante a conversa informal que deve seguir-se às fases anteriores, o entrevistado, por vezes, deixa escapar dados importantes que a tensão citada faz retê-los.

Na fase final da Entrevista, o entrevistador deve deixar sempre um "gancho" que permita contatos futuros para encerrá-la em clima amistoso.

Não se esquecer que a Entrevista só termina após a saída do entrevistado.

6.8 Obstruções

Algumas vezes, apesar de tentativas corretas, ocorrem obstruções na comunicação decorrentes do mal planejamento da Entrevista, do despreparo do entrevistador, da falta da motivação, de energia ou convicção, de barreiras psicológicas e dificuldades de linguagem.

A forma mais eficaz de minimizar tais obstruções é o estabelecimento de *rapport* com o entrevistado.

6.9 Tipos

Os tipos de Entrevista são praticamente os mesmos do Interrogatório. Os descritos nas letras a) a e) são mais usados na Entrevista; os demais são comuns no Interrogatório.

a) Narração Livre

Permite a narração espontânea, sem interrupção, anotando as dúvidas e as contradições. Depois, serão feitas as colocações necessárias.

b) Sistemática

O entrevistador pergunta e a pessoa responde, de forma sucessiva e direcional.

c) Mista

Consiste na intercalação dos dois tipos anteriores.

d) Reconstitutiva

O entrevistador ajuda o entrevistado a lembrar-se de fatos, procurando estimular adequadamente sua memória. Deve-se ter cuidado para não sugerir as respostas.

e) Indutiva

A Entrevista é direcionada para penetrar nas circunstâncias do fato, elucidando pontos relevantes omitidos durante a narrativa espontânea.

f) Persuasiva

Tem por objetivo persuadir, convencer o interrogado a primar pela verdade dos fatos.

g) Desmentido

Consiste em relacionar e mostrar ao interrogado que está faltando com a verdade, provando-lhe, ponto por ponto, todas as mentiras.

h) Questionamento

Não funcionando o Desmentido, deve-se partir para o Questionamento, isto é, o interrogador irá questionar tudo o que não estiver de acordo com o que se apurou.

i) Vulneração

Diante da mentira, do silêncio e do insucesso na aplicação das técnicas anteriores, deve-se usar a Vulneração cujo objetivo é eliminar as resistências do interrogado.

j) Suspense

Usá-lo quando o interrogador não dispõe de muitos indícios. Fazer o interrogado acreditar que se sabe muito sobre ele. Se existir uma materialidade, exibi-la e iniciar o Interrogatório pela Narração Livre.

k) Blefe

Deverá ser aplicado apenas quando o investigador dispuser de poucos elementos probatórios, fazendo o interrogado acreditar que já tem provas contra ele, que testemunhas já o reconheceram e que sua prisão poderá sair a qualquer momento.

l) Informação Cruzada

Ocorre nos casos em que são interrogados dois ou mais coautores ou partícipes. Neste caso, colocar um contra o outro pode dar resultados.

m) Bom e Mau

Utilizado pelas polícias do mundo inteiro e vez por outra produz resultados satisfatórios, principalmente em indivíduos recém-ingressos no crime, de fraca personalidade ou que cometem delitos, mas não são portadores de índole criminosa. Consiste no trabalho em dupla, quando um dos interrogadores faz o papel de compreensivo, de "bonzinho", prontificando-se a ajudar, enquanto o outro faz o papel de mau, de violento, sempre "ameaçando" o interrogado, sem constituir tortura psicológica. Este tipo de interrogatório não é muito eficaz com criminosos reincidentes e com os de formação criminosa, pois já conhecem o método.

6.10 Conduta

FONTE:http://imagens.us/datas/dia-do-perito-criminal/

Os procedimentos do entrevistador, dependendo dos objetivos de sua missão, podem ser apropriados e adequados àqueles que regem a conduta do interrogador.

- Partir do princípio de que o interrogado é a única pessoa que mais sabe sobre o caso do que você.
- Olhar o acusado nos olhos durante o Interrogatório, para impressioná--lo e detectar qualquer mudança emocional.
- Não prometer algo que não possa cumprir.
- Iniciar o Interrogatório mostrando suas credenciais e fazer logo alguns comentários afáveis, estabelecer afinidade e só iniciá-lo após criar um clima de comunicação.
- Demonstrar ser conhecedor de tudo, estando apenas querendo saber detalhes.
- Ajudar o interrogado a amenizar sua responsabilidade, encontrando motivos para sua ação ou omissão; isto geralmente fornece a motivação necessária para obtenção da confissão.
- Enaltecer o interrogado, elogiando a habilidade, inteligência, origem ou idade dele.

- Saber manusear o Código Penal e, no momento certo, mostrar atenuantes e agravantes.
- Fazer perguntas sobre fatos conhecidos, sobre algo que esteja falando a verdade ou mentindo, sempre observando a forma como o interrogado se comporta em cada resposta.
- Não gritar.
- Redirecionar a culpa, ou seja, fazer crer ao suspeito que, embora tenha realizado a ação ilícita, a culpa não foi só dele, foi ideia de outra pessoa.
- Proporcionar um bom motivo ou uma boa ideia para sugerir ao suspeito que o seu comportamento tem justificativa; isto também fornece a motivação necessária para obter a confissão.
- Minimizar a natureza da ofensa levando o suspeito a admitir sua culpabilidade em níveis que ele próprio considere aceitáveis; um bom exemplo seria fazer a comparação de sua conduta com outra que poderia ter sido bem mais grave.
- Manter o interrogado tranquilo.
- Não negar ao interrogado o bem- estar básico a que ele tem direito.
- Escolher seus auxiliares e recomendá-los para não interrompê-lo, apenas no que ficar estabelecido.
- Explorar as vaidades, as virtudes e os defeitos do interrogado, utilizando ameaças psicológicas e chantagens emocionais, sem, no entanto, transgredir a Lei.
- Não subestimar a estabilidade física e mental da pessoa; em algumas ocasiões, uma ou ambas as faculdades podem exceder à do interrogador, contudo, sua posição oficial e treinamento especializado o qualificam a interrogar qualquer pessoa.
- Trabalhar sempre na suposição de que o suspeito é inteligente.

6.11 Perfil do Interrogador

Os tipos de interrogado são os mais diversos e, para cada um deles, o modo de agir é diferente. O mesmo ocorre em relação ao entrevistado, com as devidas adaptações.

a) Testemunha hostil

- Aliviar a ansiedade e a tensão.

- Exercer o controle (sem ameaça).

- Desenvolver confiança e cooperação.

- Indicar os possíveis resultados de falta de cooperação ou conduta silenciosa.

b) Testemunha cooperativa

- Escutar atentamente as revelações.

- Dar força às observações e percepções.

- Evitar que o interrogado se irrite, se confunda, se frustre ou se cale.

- Obter detalhes específicos.

c) Vítimas

- Não prejudicar sua saúde física e mental.

- Conduzir o Interrogatório quando a vítima estiver recuperada ou se recuperando do trauma.

- Ter paciência.

- Ajudar a recuperar as recordações esquecidas ou confundidas, mediante perguntas adequadas.

- Animar, acalmar, relaxar e proteger a vítima.

- Estimular a cooperação.

d) Envolvidos

- Ser amável.

- Ter paciência e compreensão.

- Delinear cuidadosamente os locais, os indivíduos e as características do fato.

- Induzir os indivíduos tímidos a cooperarem, fornecendo informações.

e) Suspeitos

- Verificar posse de armas.

- Acumular informações.

- Evitar um interrogatório inicial.
- Evitar alarmar o interrogado.
- Mostrar os indícios de sua culpabilidade.

f) Presos
- Verificar posse de armas.
- Designar agentes de segurança para zelar pela vigilância e integridade física.
- Evitar eventual tentativa de fuga.
- Comprovar a sua culpabilidade.

g) Testemunhas irritadas
- Avaliar a estabilidade emocional.
- Verificar posse de armas.
- Pedir ajuda quando necessário.
- Demonstrar neutralidade.
- Nunca discutir ou contradizer.
- Aliviar a irritação com perguntas.
- Não permitir que se desenvolva uma batalha de gritos.

h) Interrogado não cooperativo
- Exercer controle.
- Alertar o interrogado sobre as penalidades por falta de cooperação.
- Reduzir a tensão.
- Neutralizar os temores infundados.
- Proporcionar incentivos para a revelação de informações.

i) Interrogado ansioso ou tenso

- Relaxar a tensão no corpo e no rosto.

- Estabelecer um tom de conversa.

- Esclarecer a natureza do Interrogatório.

- Dar oportunidade para respostas.

- Não apressar as respostas.

j) Interrogado de outra raça, cultura , sexo ou etnia

- Familiarizar-se com a forma de comunicação que possui em situações de Interrogatório.

- Entender as condutas verbais ou não verbais, únicas e específicas de cada um.

- Compreender as suas peculiaridades.

- Repetir, reiterar, tornar a explicar.

- Traduzir o que quer dizer no idioma do interrogado.

k) Tipos psicológicos

O "não sei nada" reluta em dar qualquer informação, alegando ignorância do fato. Dependendo do comportamento de cada um deles, pode ser necessário o acompanhamento de psicólogos- vinculados a organizações governamentais - durante o Interrogatório. O modo de agir do interrogador pode ser semelhante àquele destinado à testemunha hostil, aos envolvidos, aos suspeitos, presos e não cooperativos, com as adaptações compatíveis a cada caso.

6.12 Controle

O controle da Entrevista ou do Interrogatório é exercido pelo entrevistador ou interrogador, através dos seguintes aspectos,dentre outros:
- planejamento detalhado;
- conhecimento e preparo do local da entrevista;
- seleção adequada dos meios de comunicações;

- eliminação de ruídos;
- conhecimento profundo do caso ou tema;
- definição clara dos objetivos;
- adequação do vocabulário ao do interlocutor;
- identificação dos pontos de interesse e motivações do entrevistado ou interrogado;
- utilização adequada dos dados conhecidos do assunto e do interlocutor;
- preparo do roteiro de perguntas o mais completo possível;
- previsão de medidas administrativas;
- estabelecimento de medidas de segurança ;
- registro adequado do evento;
- sugestão de recomendações decorrentes.

Para que a Entrevista e o Interrogatório sejam eficazes, o seu planejamento poderá contar com assessores especializados nestas técnicas de obtenção de informações.

Se possível, evitar um ambiente policial com a presença de armas de fogo, algemas, cassetetes e a parafernália de repressão.

Se consentido legalmente, poderão ser instalados gravadores, filmadoras e vidros espelhados que deem maior privacidade ao ambiente.

6.13 Qualidades do Entrevistador/ Interrogador

O bom entrevistador e interrogador deve ter:
- percepção;
- raciocínio lógico e rápido;
- flexibilidade para alterar o planejamento;
- habilidade para perguntar;
- empatia para estabelecer *rapport;*
- paciência;
- tato;
- habilidade para observar, memorizar e interpretar;
- autocontrole;
- perseverança;
- capacidade física e mental;
- educação formal e social;

- conhecimento razoável da personalidade humana;
- qualidades de liderança;
- condições de inspirar confiança ao seu interlocutor.

O entrevistador e o interrogador, após apreenderem as técnicas fundamentais, aperfeiçoam-se com a prática.

O seu aprimoramento e capacitação devem ser uma preocupação constante nas investigações, haja vista a importância da Entrevista e do Interrogatório na obtenção de informações objetivas, precisas e completas.

Ao final de cada Entrevista e do Interrogatório, deverá ser feita uma análise do trabalho realizado, verificando os erros e acertos, tendo em vista o aperfeiçoamento da técnica operacional.

O interrogador deve ter em mente, mesmo com a confissão, da possibilidade de cumplicidade e conivência, e da obrigatoriedade de buscar outras provas que confirmem o que foi confessado. Jamais poderá esquecer que tudo é passível de ser modificado em Juízo além das frequentes denúncias de torturas para obtenção de confissões.

A discrição e o sigilo são de fundamental importância para o prosseguimento e o sucesso das investigações. Lamentavelmente, não é o que se observa nos casos policiais que têm servido de manchete em todos os noticiosos.

Aproveitando-se dos holofotes da mídia, autoridades parecem desconhecer princípios e normas elementares que devem nortear os Interrogatórios e as Entrevistas aplicadas à Inteligência e à Investigação policiais.

Capítulo 7

Tomada de Decisão

"Aquele que não é capaz de governar a si mesmo, não será capaz de governar os outros"
(GANDHI)

FONTE: http://www.newsrondonia.com.br/noticias/
as+consequencias+de+uma+tomada+de+decisao/28252

7.1 Conceitos

Decidir faz parte da natureza humana. O ser humano ao longo de sua vida toma decisões que, na maioria das vezes, segue um processo puramente instintivo ou intuitivo, por desconhecer a existência de um método científico de Tomada de Decisão que certamente o ajudaria a decidir, com maior facilidade e precisão, sobre as diversas situações que se apresentam no decorrer de sua existência.

As legiões romanas contribuíram, sobremodo, para a conquista de um grande Império. Suas vitórias eram precedidas de um meticuloso estudo a respeito, principalmente, do valor do inimigo e das peculiaridades do terreno onde se desenvolveriam combates. Os Comandantes, desde aquela época, evitavam tomar decisões precipitadas.

Com o passar dos anos, os militares aprimoraram os estudos de situação que propiciavam aos oficiais de Estado-Maior um assessoramento mais eficaz a seus chefes para a tomada das decisões.

Assim foi na 1ª Grande Guerra e na 2ª Guerra Mundial quando decisões históricas foram calcadas em meticulosos estudos.

No contexto atual, sob o estigma do terrorismo internacional , a Inteligência e a Contrainteligência foram enormemente valorizadas a ponto de as operações de Inteligência serem mais econômicas e eficazes do que as operações de combate. Como não poderia deixar de ser, tal fato passou a ser de fundamental importância, principalmente, nos estudos de situação para as decisões de alto nível.

Tomada de Decisão é a escolha entre possibilidades ou alternativas para resolver problemas ou aproveitar oportunidades.

O processo inicia-se na identificação de uma situação que propicia um problema ou uma oportunidade, passa pela análise, decompondo o todo em partes, e chega-se a uma conclusão (diagnóstico). A seguir, monta-se linhas de ação ou alternativas e decide-se pela melhor para posterior execução.

Na identificação do problema ou oportunidade, procura-se levantar as causas e consequências.

Na montagem de linhas de ação ou geração de alternativas empregamos métodos da " tempestade de ideias" (*brainstorming*), ou delineamento de problemas organizacionais.

Na decisão, avaliamos, julgamos e comparamos todas as alternativas. Normalmente, elege-se a linha de ação com mais vantagens alinhadas com a política da instituição.

Além do decisor considerar os fatores da decisão (missão, concorrente/ oponente, meios, tempo, opinião pública), a sua personalidade também influencia na Tomada de Decisão.

Na execução da decisão busca-se colher os resultados, isto é, avalia-se a sua eficácia.

A Tomada de Decisão é tipicamente descrita como "escolher entre alternativas". Entretanto, esta visão é muito simplista, pois a decisão envolve um processo abrangente, não apenas um simples ato de escolher uma entre várias alternativas.

7.2 Processo Científico

O Processo Científico é um método lógico usado na Tomada de Decisão, maneira pela qual o decisor irá solucionar o problema, capaz de ordenar ideias de modo a facilitar a resolução de problemas complexos com rapidez e de forma puramente analítica e racional. Portanto, o Processo Científico opõe-se aos métodos instintivos e intuitivos para solução de problemas.

Este processo deve apresentar flexibilidade para poder ser aplicado em qualquer tipo de problema, ciclicidade para permitir voltar às etapas anteriores para possíveis retificações e continuidade, e só se encerrar com a solução do problema.Ele pode ser completo, quando há disponibilidade de tempo, e abreviado, quando realizado em curto prazo, à busca de uma solução imediata para o problema.

O Processo Científico de Tomada de Decisão apresenta as vantagens de:
- proporcionar disciplina de raciocínio e de procedimento no estudo dos problemas;
- conduzir a solução do problema por deduções sucessivas e logicamente desencadeadas, evitando, dessa forma, omissões e erros;
- avaliar com rapidez os fatos;
- tornar clara e orientar a ideia do decisor; e
- facilitar o entendimento do problema pelo decisor e elementos que executarão as tarefas necessárias ao cumprimento da decisão.

7.3 Estudo de Situação

a) Generalidades

O desencadeamento de ações de Inteligência exige a prévia realização de um Estudo de Situação.

Nas situações mais complexas, será mais detalhado e apresentado por escrito. O Estudo de Situação depende da amplitude do problema e do grau hierárquico dos usuários.

A Inteligência utiliza-se de técnicas acessórias úteis à produção de conhecimentos e que proporcionam maior confiabilidade aos trabalhos a serem realizados. O Estudo de Situação também se vale das referidas técnicas quando utiliza, conforme o caso, da teoria da probabilidade, da inferência estatística, dos painéis, "brainstorming" ou "tormenta de ideias", prospecção de cenários, gestão do conhecimento, gerenciamento de risco, processo decisório, programa de segurança institucional, avaliação de desempenho, análises, planejamentos, estimativas, diagnósticos, coleta de informações de interesse da instituição, pedidos de busca e troca de informações com outras agências e órgãos do sistema.

Em qualquer caso, o Estudo de Situação inicia com a Análise da Missão seguida da Análise da Situação. Ele permite ao chefe executar suas ações com segurança.

b) Memento

Este Memento é sugerido para atender as situações mais complexas e facilmente adaptável às mais simples.

(Classificação Sigilosa)

ESTUDO DE SITUAÇÃO
1. MISSÃO

    a) Enunciado

    b) Finalidade

    c) Ações a Realizar

    d) Sequência das Ações

    e) Diretrizes do Diretor

    f) Condições de Execução

    g) Conclusão

2. REFERÊNCIAS

3. SITUAÇÃO

    a) Elementos Disponíveis

    b) Alvo/Oponente/Inimigo

c) Segurança

d) Terreno.

- Relevo

- Vegetação

- Natureza do Solo

- Obras, Instalações e Controle

  □ Dados da instalação

  □ Funções gerais

  □ Perímetro do prédio

  □ Movimento de veículos

  □ Iluminação

  □ Controles de acesso

  □ Alarmes

  □ Equipe de segurança

  □ Controle de empregados e visitantes

  □ Responsáveis pela segurança

- Núcleos Urbanos

- Observação e Campos de Tiro

- Cobertas e Abrigos

- Obstáculos

- Acidentes Capitais

- Vias de Acesso(VA)/Caminhos

4. RECURSOS DISPONÍVEIS

5. EXPRESSÕES DO PODER

a) Expressão Militar

- Estrutura e Organização
- Recrutamento e Treinamento
- Composição Social
- Coesão Interna
- Liderança
- Alianças
- Influência Política
- Imagem da Organização
- Capacidade de Contrainteligência
- Integrantes da Organização

b) Expressão Política

- Governo e Política
- Alianças e Relações

c) Expressão Econômica

- Atividades Expressivas
- Distribuição de Riquezas
- Emprego
- Ciência e Tecnologia
- Vulnerabilidades

d) Expressão Psicossocial

- Situação

- Motivação

- Opinião Pública

- Vulnerabilidades

- Atores

6. ALTERNATIVAS (LINHAS DE AÇÃO)

7. ANÁLISE DAS LINHAS DE AÇÃO

8. DECISÃO

9. COORDENAÇÃO E CONTROLE

    a) Difusão da Decisão

    b) Reuniões

    c) Ligações

    d) Comunicações

    e) Prazos

    f) Sigilo

(Classificação Sigilosa)

Capítulo 8

Estudo de Situação (Comentado)

"Muita gente sonha com realizações importantes mas poucos as concretizam."
(BERNARD SHAW)

O objetivo deste Capítulo é apresentar um memento comentado que pode ser útil a um Estudo de Situação de Inteligência ou de Contrainteligência. Não se deve esquecer que novos aspectos podem surgir como essenciais para se levar em consideração em determinadas ocasiões, bem como a experiência do planejador é fator fundamental para um estudo bem feito.

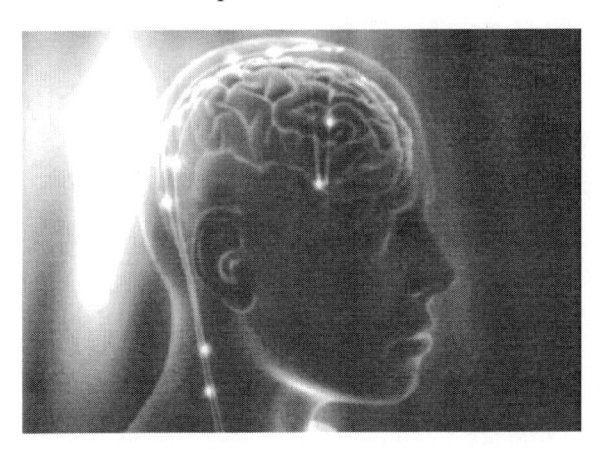

FONTE: http://alimentosnaturaisesaudaveis.blogspot.com.br/2010_06_01_archive.html

8.1 Missão

A partir do recebimento da missão, fazer um levantamento das ações a serem realizadas e das condições de execução que nela interferem.

a) Enunciado

Como foi definida a missão pelo Chefe ou Diretor.

b) Finalidade

Definição do "PARA QUÊ" - o quê o diretor quer - conhecer a estrutura da organização, identificar e avaliar ameaças, reduzir vulnerabilidades, otimizar a segurança, etc.

c) Ações a Realizar

A partir do enunciado e da finalidade da missão, levantam-se os verbos, as ações a realizar: conscientizar, proteger, modificar, implementar, etc.

d) Sequência das Ações

Ordenar logicamente as ações, de forma a facilitar e orientar o trabalho.

e) Diretrizes do Diretor

É importante que o responsável pelo estudo saiba as prioridades do chefe e, se possível, em cada uma das áreas, e o grau de segurança que se quer atingir.

f) Condições de Execução

Outro fator fundamental para o cumprimento da missão é delimitar os prazos de planejamento e de execução, bem como as limitações materiais e humanas.

g) Conclusão

Do que foi levantado neste estudo, elaborar o novo enunciado da missão, que deve exprimir com clareza as finalidades do estudo, as diretrizes do Diretor, as ações impostas , deduzidas e as condições de execução.

8.2 Referências

Levantar os documentos que geraram a missão, bem como a legislação, lei e decretos que regulam o presente estudo.

8.3 Situação

a) Elementos Disponíveis

Verificar o organograma da organização , subordinações, efetivo e particularidades a fim de saber o pessoal disponível para o cumprimento da missão.

b) Alvo/Oponente/Inimigo

Levantar suas características, valor, possibilidades, vulnerabilidades, atividades recentes e atuais, e capacidade operacional.

Saber o que pretende fazer, quando, onde, como e com que efetivo.

Especificar seus pontos fracos e deficiências.

c) Segurança

Verificar as condições existentes na organização e no oponente, os pontos fortes e fracos, além das possibilidades de apoio, inclusive da população.

d) Terreno

Fazer uma descrição geral da região em estudo, dando ênfase às particularidades do terreno que favoreçam a segurança da organização e às que possam facilitar o desencadeamento de ações adversas.

Considerar a influência das condições meteorológicas sobre o terreno, particularmente quanto à intensidade das precipitações, temperaturas e nevoeiro.

Além do reconhecimento do terreno, podem ser úteis os seguintes documentos: mapas, cartas, plantas, croquis, imagens de satélite e estudos anteriores, principalmente os de Inteligência.

1. Relevo

   Deve ser estudada a configuração do terreno, elevações, depressões, bem como a declividade .

2. Vegetação

   Deve ser estudada a sua densidade, cobertura, proteção contra os fogos, observação, e obstáculos ao movimento/ deslocamento.

3. Natureza do Solo

   Deve ser estudado o seu relacionamento com as construções de engenharia, a transitabilidade e a organização do terreno.

4. Obras, Instalações e Controle

   DADOS DA INSTALAÇÃO

   - Nome/endereço/telefone

   FUNÇÕES GERAIS

   - Número de pessoas que trabalham no local?

   - Dias e horários de funcionamento do local?

   - Números dos telefones das Polícias?

   - Outros telefones julgados úteis aos usuários?

   - Qual a área a ser verificada?

   PERÍMETRO DO PRÉDIO

   - Tipo de construção do prédio.

   - Tipo de construção das portas e janelas externas.

   - Entradas do prédio em todo o perímetro.

   - Todas as entradas e saídas são supervisionadas? Quais as vulnerabilidades?

   - Onde ficam as passagens ou brechas do perímetro?

- Existem passagens subterrâneas?

- As janelas possuem acesso para fora do prédio?

- Existem passagens do chão para o prédio? São controladas?

MOVIMENTO DE VEÍCULOS

- Existem estacionamentos no perímetro e/ou dentro dos prédios?

- Todos têm acesso a seus carros durante o expediente?

- Existem guardas controlando os estacionamentos?

ILUMINAÇÃO

- A iluminação do perímetro é adequada?

- Existem luzes de emergência em todos os locais da organização?

- Facilita a observação para a área externa e a dificulta para o interior da organização?

- Todas as portas de saída são bem iluminadas?

- Existem luzes de segurança em todo perímetro durante a noite?

- Existem luzes nas áreas de estacionamento?

- Como é checado o sistema de iluminação?

CONTROLES DE ACESSO

- Todos os locais de acesso têm sistema eletrônico de travamento?

- Existe um controle geral do acesso?

- Os claviculários estão em local seguro?

- As senhas de acesso seguem cronograma para alteração?

- Quais são as pessoas que têm as combinações?
- A senha quebrada ou descoberta é logo trocada?

ALARMES

- Todas as entradas da organização utilizam alarmes?
- Qual é o tipo de alarme?
- Onde?
- A central de alarmes está ligada aos órgãos de segurança?
- Existe uma lista de pessoal autorizado para ligar ou desligar o sistema de alarme?
- Existe circuito interno de televisão na organização?

EQUIPE DE SEGURANÇA

- Quantas são e a identificação de seus integrantes?
- Quanto tempo a equipe de segurança leva para verificar o sistema?
- Quanto tempo demora a renovação da equipe?
- Com que frequência são ministradas instruções de segurança? Há programa de instrução?
- Que tipo de cursos e treinamento a equipe de segurança recebe?
- Existe algum esquema de segurança para os horários de refeição?

CONTROLE DE EMPREGADOS E VISITANTES

- Todos são identificados na ocasião da entrada?
- Existe algum acompanhamento do visitante durante sua estada?

- Todos empregados usam crachá de identificação?

- São permitidos visitantes fora dos horários de expediente?

RESPONSÁVEIS PELA SEGURANÇA

- Existem investigações (pesquisa social) do pessoal a ser selecionado para compor a segurança?

- Quem conduz estas investigações?

- Os empregados recebem alguma informação sobre segurança?

- Após serem desligados, os dispensados são acompanhados à distância?

5. Núcleos urbanos

Verificar como os núcleos urbanos existentes na região podem influenciar na segurança da área e na expressão psicossocial do local.

6. Observação e Campos de Tiro

Estudar toda área da organização e concluir sobre prováveis pontos de apoio, postos de observação, acidentes do terreno que limitam a observação externa e os que a favorecem. Definir os melhores locais para observação e campos de tiro.

7. Cobertas e Abrigos

Verificar onde e como o terreno irá proteger das vistas e fogos, ambos os contendores.

Selecionar as faixas de melhor ou pior progressão para os agentes de segurança, locais de reunião, postos de comando, posicionamento da reserva, localização das armas de apoio e pontos de ataque.

8. Obstáculos

Estudar os obstáculos naturais e artificiais e concluir sobre a facilidade de progressão (impede, dificulta ou protege) e orientação da progressão (orienta, canaliza ou dissocia).

9. Acidentes Capitais[12]

A missão e o efetivo são os fatores condicionantes na seleção dos acidentes capitais. Eles devem oferecer condições cuja conquista, manutenção da posse ou controle propiciem acentuada vantagem para nossas forças de segurança.

A observação sobre todo o perímetro da organização é outro fator de seleção, possibilitando a adoção de medidas preventivas e repressivas.

A seleção dos acidentes capitais contribui para a execução e montagem do dispositivo de segurança.

10. Vias de Acesso (VA)/Caminhos

Relacionar os caminhos que favorecem o acesso ao interior das instalações da empresa.

8.4 Recursos Disponíveis

Devem ser levantados os recursos humanos, materiais e financeiros necessários ao cumprimento da missão. Deve ser priorizada a utilização dos recursos seguindo as diretrizes do chefe ou Diretor, inclusive quanto à aquisição de meios, reforço de pessoal e possibilidade de apoio externo e interno, instrução e treinamento do pessoal e realização de obras de vulto, se for o caso.

---

12 Acidente Capital é aquele cuja posse oferece vantagens a um dos contendores.

8.5 Expressões do Poder

a) Expressão Militar

Verificar a estrutura e operacionalidade dos órgãos locais de Segurança Pública e, se for o caso, as características sociopolíticas comuns a seus membros. Avaliar a capacidade de Contrainteligência.

1. Estrutura e Organização

   Indicar o perfil da organização e os seus efetivos.

2. Recrutamento e Treinamento

   Identificar como se estabelece o recrutamento dos quadros de pessoal, bem como a qualidade e o tipo de treinamento.

3. Composição Social

   Identificar quais são os níveis sociais, econômicos e culturais dos integrantes da organização.

4. Coesão Interna

   Identificar a existência de tensão e discórdia entre os diversos níveis hierárquicos, bem como entre os pares.

   Identificar o nível de bem-estar, do moral e do espírito de corpo.

5. Liderança

   Identificar os principais líderes, levantando seus hábitos, gostos, atitudes, suscetibilidades, traços de personalidade e tipo de liderança.

6. Alianças

   Identificar as fontes de ajuda e cooperação externas, as influências resultantes e a colaboração com outros órgãos de Segurança Pública.

7. Influência Política

Identificar o grau de influência política na administração da organização.

8. Imagem da Organização

Verificar a imagem da empresa e dos órgãos de Segurança Pública na mídia e na opinião pública, bem como os sucessos/ fracassos obtidos no cumprimento de suas missões.

9. Capacidade de Contrainteligência (CI)

Identificar a estrutura de CI na organização, os equipamentos utilizados, os recursos humanos, as técnicas de propaganda utilizadas e capacidade dos órgãos de segurança neste particular.

10. Integrantes da Organização

Identificar os hábitos, os gostos, as atitudes, os valores, as crenças, os temores, os símbolos, as aspirações, as suscetibilidades, os traços de personalidade, os antagonismos existentes e a integridade do pessoal, particularmente os que estão em função de chefia.

Verificar o grau médio de alfabetização/escolaridade.

Identificar quaisquer outros dados sobre os integrantes passíveis de serem aproveitados em campanhas de mudanças comportamentais de Contrainteligência.

b) Expressão Política

Os aspectos a serem levantados são os que de alguma forma possam influir na missão, nos atores e na organização. Exemplos: partidos políticos dominantes na região que apóiam as ações da organização e a auxiliam no cumprimento da missão, ONGs que fazem campanha contra ou a favor da organização, falta de serviços públicos essenciais que afetem o público interno.

1. Governo e Política

Analisar a distribuição do Poder na sociedade, descrevendo o aparato oficial e os que se situam fora da estrutura institucional, exercendo um poder paralelo. Avaliar, também, as atitudes da população em relação ao sistema e às lideranças políticas.

Constatar a eficiência, ou não, do serviço público e a sua influência na administração governamental.

Identificar os principais líderes políticos, comunitários e de associações, observando seus hábitos, atitudes e traços de personalidade.

2. Alianças e Relações

Descrever as alianças e relações, oficiais ou não , existentes na comunidade local, suas influências interna e externa, na opinião pública, inclusive.

Identificar os sentimentos populares de aceitação ou de hostilidade em relação a outras comunidades, aos órgãos de Segurança Pública e à administração.

c) **Expressão econômica**

Elaborar um quadro da estrutura econômica , identificando as iniquidades na distribuição de renda e no controle do poder econômico ,de onde possam advir tensões sociais.

1. Atividades Expressivas

Relacionar as atividades econômicas significativas nas áreas da indústria, da agricultura e do comércio.

2. Distribuição de Riquezas

Identificar as atitudes da população frente à estrutura econômica, e a distribuição de riqueza na comunidade.

3. Emprego

Identificar as possibilidades de emprego na comunidade e o peso político das organizações trabalhistas.

4. Ciência e Tecnologia

Avaliar o impacto da Ciência e da Tecnologia sobre a comunidade local, e o grau de dependência externa.

Identificar a existência de infraestruturas educacionais, de pesquisas científicas e técnicas, que supram as necessidades locais.

Identificar as atitudes populares frente às mudanças promovidas pelo desenvolvimento técnico-científico.

5. Vulnerabilidades

Identificar as vulnerabilidades econômicas locais e da organização.

d) Expressão Psicossocial

1. Situação

Elaborar um quadro da estrutura dos grupos sociais existentes na área, importância relativa das populações urbana e rural, religião, dados demográficos étnicos, minorias, tendências da população quanto ao bem-estar social, educação, estrutura social, dados culturais, distribuição e rendimento da força de trabalho, opiniões públicas, atividades de comunicação social/operação psicológica, grau de moral e patriotismo, tensões sociais existentes, fatores históricos, etc.

2. Motivação

Os aspectos de motivação e comprometimento, observados na expressão psicossocial, deverão ser alvo de constantes pesquisas de campo, para saber até que ponto estão desenvolvidos e contribuindo para as atividades de Inteligência e Contrainteligência.

Devem ser feitos, dentre outros, os seguintes questionamentos:

- A motivação está voltada para os interesses , tradições, crenças e superstições, aspirações e desejos, costumes e ressentimentos do público-alvo?

- O Diretor da organização e seus líderes são os principais vetores da motivação e conscientização do pessoal?

- São usados os mais diversos meios de comunicação para transmitir as mensagens motivantes e conscienti-zadoras, necessárias ao desenvolvimento das atividades de Inteligência e Contrainteligência?

- São observados os pontos importantes que deverão ser explorados pelo Diretor da organizarão e seus líderes, no momento da divulgação da decisão, para satisfazer plenamente aos anseios do público- alvo?

- Foi atingida a autorrealização do indivíduo, na motivação para as atividades de Inteligência e Contrainteligência?

- Foram realizadas palestras sobre motivação para os diversos níveis de usuários que trabalham com as ativida-des de informações?

- O comportamento do público- alvo, para as atividades de Inteligência e Contrainteligência, tem sido coerente com as orientações recebidas?

3. Opinião Pública

Visualizar o comportamento da mídia e da opinião pública no tocante ao desenvolvimento das principais atividades da organização.

4. Vulnerabilidades

O levantamento das vulnerabilidades poderá ser feito através de pesquisa de campo, com uma série de questionamentos, tentando identificar, inclusive, as áreas problemáticas.

As vulnerabilidades podem interferir na segurança da organização em todos os aspectos: pessoal, material, documentação, comunicação, áreas e instalações.

5. Atores

O quadro abaixo sintetiza uma situação de Atores, identificando-os e mostrando as suas possibilidades.

Identificação	Composição	Possibilidades (principais)
Público Interno	• Pessoal efetivo • Familiares • Permissionários • Contratados • Estagiários • Terceirizados	• Vazamento de informações sensíveis. • Manuseio incorreto de material sigiloso. • Ação de espionagem. • Furto ou roubo de material. • Sabotagem de material. • Cooptação pelo crime organizado. • Fomento da desinformação através de boatos.
Público Externo	• Pessoal estranho à organização	• Furto ou roubo de materiais, pelo crime organizado ou não. • Difusão de propaganda adversa para minar o moral e a disciplina. Disseminação de discórdia. • Obtenção de conhecimentos sensíveis. • Fomento da desinformação através de boatos.
Serviços de Inteligência	• Serviço de Inteligência da organização e de congêneres.	• Obtenção de dados sensíveis, principalmente os que podem neutralizar as situações adversas.

| Forças ou Elementos Adversos | • Segmentos radicais infiltrados em grupos.
• Movimentos sociais, entidades e organizações não governamentais, de cunho ideológico ou não, atuando no país e/ou exterior, cujos procedimentos ilegais venham a comprometer a ordem pública.
• Segmentos radicais nos órgãos de Segurança Pública, líderes de associações de classe e de comunidades locais contrários às atividades da organização. | • Promoção de distúrbios nas áreas urbana e rural.
• Agravamento dos malefícios das calamidades públicas, por intermédio de saques e depredações.
• Invasão e ocupação de áreas e instalações públicas e/ou privadas.
• Bloqueio de vias de circulação.
• Incentivo a greves em serviços essenciais.
• Promoção do narcotráfico e do contrabando de armas e munições.
• Prática de atos de terrorismo e sabotagem.
• Execução de ações de guerrilha urbana e/ou rural.
• Fomento da desinformação por intermédio de boatos. |

8.6 Alternativas (Linhas de Ação)

Empregar o método da "tempestade de ideias" *(brainstorming)* para levantar as alternativas viáveis que permitam a solução do problema ou o cumprimento da missão.

8.7 Análise das Linhas de Ação

Verificar as vantagens e desvantagens de cada alternativa, considerando os fatores anteriormente estudados, as Diretrizes do Chefe e os fatores preponderantes.

8.8 Decisão

O Chefe poderá, ou não, aceitar a proposta de seu analista ou de seu Estado-Maior quanto a melhor alternativa. A sua personalidade é um fator decisivo na Decisão.

8.9 Coordenação e Controle

Difundir as ordens/recomendações aos elementos subordinados para o cumprimento da missão ou a resolução do problema.

Definir a necessidade de reuniões para, inclusive, esclarecer dúvidas ou ouvir sugestões, se for o caso.

Estabelecer as ligações necessárias e os meios de comunicação para a difusão da Decisão.

Definir os prazos para a solução do caso.

Recomendar o grau de sigilo dos tópicos da Decisão.

Capítulo 9
Estudo de Problemas

" Não há opinião pública e sim opinião pública publicada. "
(WINSTON CHURCHILL)

9.1 Conceitos

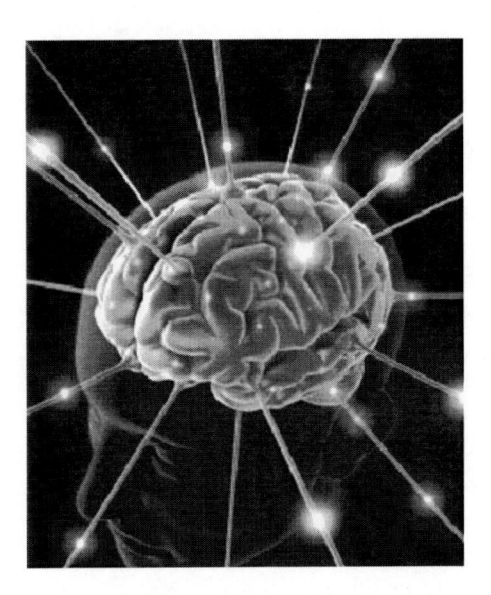

FONTE: http://espiritodeescritora.blogspot.com.br/2010_05_01_archive.html

O Estudo de Problemas se enquadra no processo da Tomada de Decisão e segue uma metodologia semelhante à do Estudo de Situação. Ambos necessitam de um eficiente trabalho de Inteligência.

O Estudo de Situação é adotado principalmente no meio militar e adaptado para ser empregado nas situações mais complexas e mais elementares.

O Estudo de Problemas é mais utilizado no meio civil, principalmente nas empresas, para solucionar os seus casos. É mais simples, mais rápido e não exige a avaliação de tantas variantes. Porém, deve levar em conta todos os fatores que possam influenciar na solução do problema.

O Estudo de Problemas também segue uma metodologia para o seu equacionamento que culmina com a Decisão oportuna e coerente, que deve ser controlada para comprovar, ou não, a sua eficácia.

9.2 Memento Comentado

a) O Estudo de Problemas abrange, normalmente, as seguintes fases:

- Análise do Problema;

- Situação;

- Linhas de Ação (Caminhos a Seguir) (Alternativas);

- Escolha da melhor Linha de Ação;

- Decisão.

b) Análise do Problema

O problema deve ser bem compreendido antes de tentar resolvê-lo. Por isso, o enunciado do problema deve ser redigido de forma clara, precisa e concisa.

Ao se analisar um problema deve-se verificar o assunto a ser estudado, a faixa de tempo a ser considerada, usuário(s) do conhecimento, finalidade, prazo de conclusão, aspectos essenciais conhecidos do assunto, aspectos essenciais a conhecer, ações a realizar, medidas de segurança, aspectos negativos e positivos.

c) Situação

No Estudo da Situação deve-se considerar vários fatores, dentre os quais, os prováveis locais de ocorrência das irregularidades, aspectos relevantes sobre os locais, órgãos de segurança pública, recursos disponíveis, vulnerabilidades, ameaças, produção de conhecimentos, neutralização das ameaças e sistema de segurança da instituição. A seguir, deve-se redigir uma síntese da situação.

d) Linhas de Ação

Esta etapa exige que somente sejam listadas alternativas viáveis para resolver o problema. Ainda não deve ser feita qualquer avaliação das alternativas. Começa, então, a análise. Os pontos fortes e fracos de cada uma se tornam evidentes quando comparados com os critérios e pesos estabelecidos.

Na montagem das Linhas de Ação realizamos a redação dos principais Caminhos a Seguir, levando-se em conta a Análise do Problema, o Estudo da Situação e a Aceitabilidade.

e) Escolha da melhor Linha de Ação

Na escolha do melhor Caminho a Seguir devemos comparar as Linhas de Ação, verificando as vantagens e desvantagens de cada uma e disponibilizá-las ao decisor para escolher a melhor alternativa para solucionar o problema.

f) Decisão

Na Decisão, o decisor leva em consideração a missão, o oponente(inimigo), terreno, meios, opinião pública e o prazo para o cumprimento.

Convém repetir que a personalidade do decisor é um fator preponderante na Decisão.

A pior das decisões é a indecisão! De nada adianta uma excelente Decisão se exarada fora do prazo.

9.3 Implementação da Decisão

A implementação da alternativa mais viável é um passo importante. É o momento de colocar a decisão em prática.

Ela inclui a difusão da Decisão aos interessados, os veículos de comunicação a utilizar, as medidas de sigilo necessárias, o comprometimento dos envolvidos no seu cumprimento e as prescrições relativas ao melhor modo de executá-la.

A Decisão deverá ser acompanhada para se verificar se foi ou se está sendo integralmente cumprida.

Porém, caso o problema persista ou não tenha sido integralmente resolvido, deve-se examinar, cuidadosamente, se ele foi definido de forma adequada, se houve erros na avaliação das diversas alternativas e se devem ser adotadas outras medidas complementares à Decisão.

Em determinadas situações, poderá ser necessário rever o processo e levantar outras Linhas de Ação que resolvam o problema definitivamente.

9.4 Caso Hipotético

a) O Diretor da Fábrica de Armamento F5 tomou conhecimento, por intermédio do Departamento de Segurança de sua empresa, que recentemente começaram a desaparecer peças de fibra, componentes de um novo tipo de armamento não metálico, e de sua comercialização em mercados clandestinos.

DADOS CONHECIDOS

- A assessoria de Inteligência, produzindo conhecimentos sobre os possíveis responsáveis pelo furto das peças, levanta forte indício de um vigilante que trabalha na portaria da empresa e que facilita a saída do material.

- Os equipamentos de inspeção de pessoal são obsoletos e não recebem manutenção adequada há tempo.

- Existem nichos nos muros da empresa por onde podem ser atravessados materiais para o exterior sem que sejam notados pelo serviço de vigilância.

- As instituições de Segurança Pública da região estão interessadas em terminar com o comércio clandestino de peças de armamento.

- A Praça da Discórdia é o local de venda de peças de armas, fato confirmado por duas fontes.

- O número de peças que chega e que sai para linha de montagem não sofre alteração.

- Existem vigilantes disponíveis para um possível reforço na vigilância.

- A fábrica, no momento, não possui meios nem recursos financeiros para reaparelhamento, dispondo-os, apenas, para reparar os equipamentos de detecção ou consertar os muros.

- Mesmo com aumento da vigilância, caso os muros não sejam consertados, persiste a possibilidade de o material ser desviado através deles.

- Um reforço de vigilantes, inclusive com mulheres, no posto da portaria pode suprir a deficiência dos equipamentos de detecção na revista do pessoal e de viaturas que entram e saem da fábrica.

- Um funcionário anônimo da linha de montagem deixou uma mensagem no Departamento de Segurança da empresa, acusando um colega de subtrair peças do armamento por ocasião da montagem e que o mesmo conta com a conivência do Supervisor da linha de montagem, responsável para verificar se o armamento está em perfeitas condições para ser embalado e estocado.

- O Circuito Fechado de Televisão (CFTV) e a iluminação perimetral são deficientes.

b) Como Diretor da Fábrica, que decisão tomaria para acabar com os furtos, o mais rápido possível? A seguir, uma proposta de solução para o problema.

ANÁLISE DO PROBLEMA

1. Problema (assunto a ser estudado)

   Desaparecimento de peças de fibra, componentes de um novo tipo de armamento não metálico, e de sua comercialização em mercados clandestinos.

2. Faixa de tempo a ser considerada

Os últimos seis meses

3. Usuário

Diretor da Fábrica

4. Finalidade

Acabar com o desaparecimento de peças de fibra e com a sua comercialização em mercados clandestinos .

5. Prazo de conclusão

Até o terceiro dia (D+2).

6. Aspectos essenciais conhecidos

Sintetizar os dados fornecidos pelo Departamento de Segurança da Fábrica.

7. Aspectos essenciais a conhecer

Descobrir os funcionários envolvidos e receptadores.

8. Ações a realizar

Não alterar os procedimentos diários e montar Linhas de Ação para solucionar o problema.

9. Medidas de Segurança

Manter o máximo sigilo durante as investigações e o levantamento de dados. Disponibilizar as gravações do CFTV após parecer do setor jurídico da empresa.

10. Aspectos Negativos

- A fábrica está com os equipamentos de detecção obsoletos e muros precisando de reparos.

- Suspeita de vigilantes facilitando a saída de material.

- Falta de vigilância em alguns pontos da cerca.

- Restrição de recursos financeiros.

- CFTV e iluminação perimetral deficientes.

11. Aspectos Positivos

- Estão sendo produzidos conhecimentos pela Assessoria de Inteligência, com a colaboração de informantes, no sentido de descobrir os responsáveis pelo furto e sua comercialização, bem como o pessoal conivente com a situação.

- Existência de vigilantes disponíveis para reforço do serviço.

- As instituições de Segurança Pública estão dispostas a encerrar o comércio clandestino.

SITUAÇÃO

1. Prováveis locais de ocorrência das irregularidades

- Linha de montagem

- Depósito de material acabado

- Portaria

- Muros

- Praça da Discórdia

2. Considerações relevantes sobre os locais

- Linha de Montagem

   Existe acusação de informante sobre um funcionário da linha de montagem que estaria furtando as peças, contando com a conivência do Supervisor.

- Depósito de Material Acabado

   É pouco provável a subtração de peças neste local.

- Portaria

  Existência de um vigilante suspeito de facilitar a saída de peças.

- Muros

  Necessitando de reparos.

- Praça da Discórdia

  Um informante alertou que a comercialização está sendo realizada neste local. Informe confirmado por duas fontes.

- CFTV e iluminação perimetral

  Necessitando de manutenção.

3. Possibilidades dos Órgãos de Segurança Pública

   Existe interesse da polícia em terminar com o comércio clandestino de peças de armamento, bem como efetuar a prisão dos contraventores.

4. Recursos existentes disponíveis

   - Financeiros

     Apenas para reparar equipamentos de detecção ou consertar os muros.

   - Materiais

     Não existe material para consertar os muros.

   - Humanos

     Vigilantes disponíveis para reforço da vigilância e possibilidade de substituição de pessoal suspeito.

5. Vulnerabilidades existentes

   - Vigilante suspeito na portaria

   - Muros com nichos

- Equipamentos de detecção

- Falta de vigilância em alguns setores

- Supervisor suspeito de conivência com o funcionário que estaria furtando o material

- CFTV e iluminação perimetral deficientes.

6. Ameaças

Suspeitos do furto e coniventes com o delito.

7. Produção de Conhecimentos

Levantamento dos responsáveis pelo furto e confirmação do local de comercialização.

8. Neutralização das Ameaças

- Afastamento dos suspeitos dos locais de trabalho.

- Apreensão do material que está sendo comercializado e prisão dos suspeitos na Praça da Discórdia .

- Apuração de responsabilidades e adoção de medidas cabíveis visando a demissão e solicitação da prisão dos suspeitos, em caso de confirmação, fazendo o Registro Policial/Queixa Crime em Delegacia competente.

9. Possibilidades do Sistema de Segurança da empresa

- Produzir os conhecimentos necessários, podendo contar com o apoio da população local.

- Aumentar a vigilância, a eletrônica, inclusive.

- Manter rigoroso controle sobre os suspeitos.

- Neutralizar as ameaças com ajuda da polícia.

10. Síntese da Situação

Furto de peças de fibra componentes de armamento e sua comercialização clandestina. Provavelmente, o delito está acontecendo na linha de montagem e conta com a conivência do supervisor. A saída do material da fábrica provavelmente se dá pela portaria com a participação do vigilante suspeito ou pelos trechos vulneráveis dos muros da fábrica. A comercialização do material está acontecendo na Praça da Discórdia. O Sistema de Segurança da empresa tem condições de neutralizar o delito com a ajuda das Polícias Civil e Militar.

CAMINHOS A SEGUIR (LINHA DE AÇÃO)

1. Linha de Ação Nº 1

Incrementar a vigilância da fábrica, em especial da linha de montagem e muros, <u>consertar os muros, adquirir novos equipamentos de detecção e reparar os existentes</u>, transferir as pessoas suspeitas para setores que não ofereçam ameaças a fim de que sejam apuradas responsabilidades e adotadas medidas disciplinares / criminais cabíveis. Solicitar apoio da Polícia para acabar com o comércio clandestino e prender os elementos envolvidos a fim de solucionar o problema.

2. Linha de Ação Nº 2

Incrementar a vigilância da fábrica, em especial da linha de montagem e muros, <u>consertar os muros</u>, transferir as pessoas suspeitas para setores que não ofereçam ameaças a fim de que sejam apuradas responsabilidades e adotadas medidas disciplinares / criminais cabíveis. Solicitar apoio da Polícia para acabar com o comércio clandestino e prender os elementos envolvidos a fim de solucionar o problema.

3. Linha de Ação Nº 3

Incrementar a vigilância da fábrica, em especial da linha de montagem e muros, <u>reparar os equipamentos de detecção existentes</u>, transferir as pessoas suspeitas para setores que não ofereçam ameaças a fim de que sejam apuradas responsabilidades e adotadas medidas disciplinares/ criminais cabíveis. Solicitar o apoio da Polícia para acabar com o comércio clandestino e prender os elementos envolvidos a fim de solucionar o problema.

ACEITABILIDADE

- As Linhas de Ação n° 2 e 3 são aceitáveis.

- A Linha de Ação n° 1 não é aceitável, pois a fábrica não dispõe de recursos para consertar os muros e adquirir novos equipamentos de detecção simultaneamente.

ESCOLHA DA MELHOR LINHA DE AÇÃO

1. Comparação das Linhas de Ação que passaram pela Aceitabilidade

   Fazer a comparação verificando as vantagens e desvantagens de cada Linha de Ação

2. Vantagens e Desvantagens

   - Linha de Ação n° 2

     ▫ Vantagem – Os muros são consertados

     ▫ Desvantagem – Os equipamentos de detecção não são reparados.

   - Linha de Ação n° 3

     ▫ Vantagem – Os equipamentos de detecção são reparados.

     ▫ Desvantagem – Os muros não são consertados

ESCOLHA DA MELHOR LINHA DE AÇÃO

A melhor é a n° 2. Apesar dos equipamentos de detecção não serem reparados, esse problema poderá ser minimizado pela revista realizada pelos vigilantes, ao passo que se os muros não forem consertados, apesar do aumento da vigilância, continuará o risco de desvio de material.

DECISÃO

Linha de Ação N° 2

Capítulo 10

Inteligência no Ministério Público (MP) e na Polícia

"Trate seus homens como soldados e eles lutarão por você. Trate-os como filhos e eles morrerão por você."
(NAPOLEÃO BONAPARTE)

10.1 Generalidades

Segundo o Art. 128 da Constituição, o Ministério Público (MP) abrange o Ministério Público da União e os Ministérios Públicos dos Estados. O primeiro, por sua vez, compreende o Ministério Público Federal, o do Trabalho, o Militar e o do Distrito Federal e Territórios.

O Conselho Nacional de Procuradores-Gerais (CNPG) tem a missão de integrar os Ministérios Públicos da União e de todos os Estados brasileiros, promover intercâmbio de experiências funcionais e administrativas e trabalhar pelo aperfeiçoamento da instituição, traçando políticas e planos de atuação uniformes ou integrados que respeitem as peculiaridades regionais.

O MP deve possuir um Sistema de Inteligência a nível nacional, orientando as atividades de seus sistemas.

Este Sistema deve ser organizado e voltado para o ambiente interno da instituição e para o ambiente externo. Além de monitorar os pontos fortes e os pontos fracos das organizações, as ameaças e oportunidades exteriores, o Sistema deve coletar dados, informações e conhecimentos necessários à otimização do desempenho e da segurança do MP, no âmbito pessoal, material e documental.

A revista "Carta Capital", de 19 de outubro de 2011, publicou matéria de capa criticando o manual de Contrainteligência do Exército. Posteriormente, em 13 de fevereiro de 2012, veiculou o texto "Um novo ninho de arapongas", afirmando que o Ministério Público abriga militares especialistas em espionagem.

O autor direciona seus textos contra a atividade de Inteligência, podendo-se inferir que ele está mal orientado por quem questiona a oportunidade de melhoria e das atribuições do MP, principalmente quanto ao controle externo sobre a atividade policial e pelos que defendem a Proposta de Emenda Constitucional nº 381/09 (PEC) que prevê a criação do Conselho Nacional de Polícia, composto em sua grande maioria por policiais, acabando com o controle externo exercido por integrantes do MP brasileiro.

A PEC nº 37/11 acrescenta o parágrafo 10 ao Art 144 da Constituição Federal para definir a competência para a investigação criminal pelas polícias federal e civis dos Estados e DF, a fim de o MP trabalhar somente com as polícias judiciárias em ambiente de colaboração e sem concorrência, e não com a Polícia Rodoviária Federal(PRF) e a PM.

Em campanha contra a PEC nº 37/11 que, se aprovada pelo Congresso, retira do MP o poder de fazer investigações, os procuradores desencadearam uma megaoperação no País, divulgada em 09 de abril de 2013, que prendeu 92 suspeitos por corrupção, entre eles 4 ex-prefeitos.

Eles estão inconformados com a chamada "PEC da Impunidade" e pretendem promover atos em todas capitais com o objetivo de mostrar a necessidade de integração dos poderes públicos no combate à corrupção. Somente na 1ª quinzena do citado mês já havia um abaixo-assinado com 200. 000 assinaturas contra a deletéria proposta.[13]

O MP deve intensificar o treinamento, a capacitação e o aperfeiçoamento do pessoal que desempenha atividades inerentes à salvaguarda de documentos, materiais, áreas, instalações e informações de natureza sigilosa.

José Vicente da Silva Filho, Coronel da Polícia Militar do Estado de São Paulo, ex-Secretário Nacional de Segurança Pública e estudioso da problemática pública declara que:

> a ineficiência das investigações das polícias é uma regra nacional, confirmada pelas raras e pontuais exceções. Levantamento efetuado pelo Ministério Público carioca em inquéritos de homicídios constatou que, de cada cem casos, a PM prendeu dois homicidas em flagrante e a Polícia Civil o fez em apenas três. Mas esse é um fenômeno comum a quase todos os Estados. Como o homicídio, em qualquer polícia do mundo, é o crime com maior índice de esclarecimento de autoria, pode-se imaginar o quanto a impunidade estimula e protege os criminosos neste País. O fato dos

---

13   Acuados pelos movimentos populares urbanos, em todo o País, os Deputados Federais, principalmente os da base governamental, mudaram radicalmente de opinião e rejeitaram por maioria absoluta, em 25 de junho de 2013, a "PEC da Impunidade".

presídios estarem superlotados, apesar da impunidade reinante, é revelador dos equívocos das estratégias e das deficiências nas áreas da prevenção e da repressão criminal.

Vários agentes do Estado e do mundo empresarial, em razão de seu despreparo profissional para o cumprimento de missões sigilosas, ainda não percebem o alcance das práticas de Inteligência que muito podem contribuir com a investigação e outras atividades como:

- cooperar no Planejamento Estratégico Institucional;

- coletar, processar e difundir dados e informações;

- organizar e difundir estatísticas;

- salvaguardar a Instituição, por meio da segurança institucional;

- alimentar e realimentar processos de decisão;

- assessorar grupos especiais de combate à macro-criminalidade;

- estabelecer princípio de confiança com outros órgãos de Inteligência;

- manter regras de sigilo dos documentos e conhecimentos de Inteligência, evitando utilizá-los como provas em procedimentos investigatórios ou processos;

- trocar informações diretamente com outros órgãos de Inteligência;

- prospectar cenários;

- produzir análises estratégicas;

- acompanhar gestões de riscos; e

- gerenciar conhecimento institucional.

Na parte contábil, o Centro de Produção de Análise, Difusão e Segurança da Informação (CPADSI) tem uma boa experiência, pois realiza trabalhos técnicos visando a apoiar aos membros do Ministério Público Militar (MPM) no trabalho de apuração de irregularidades no âmbito das Forças Armadas, notadamente nas relativas a desvios de recursos, fraudes em licitações, crimes contra o patrimônio e crimes financeiros, concretizadas por meio da emissão de relatórios e informações técnicas.

FONTE: http://ronaldolivreiro.blogspot.com.br/2011_08_30_archive.html

10.2 Inteligência Policial x Investigação Policial

Os policiais acostumados com a prática da investigação e ao ser introduzida a Inteligência, passaram a usá-las como se fossem sinônimas.

FONTE: http://br.freepik.com/fotos-gratis/pecas-do-quebra-cabeca_30460.htm

O quadro seguinte sintetiza as semelhanças e diferenças entre Inteligência e Investigação.

	Inteligência	Investigação
Atitude	Pró-ativa	Reativa
Decisão	Política	Judicial
Técnica operacional	Vigilância, Fotografia, Entrevista, Recrutamento	As mesmas
Valor Probatório	Sim	Sim
Amplitude	Ampla, dentro do repertório de conhecimento necessário	Restrita ao evento/fato da investigação
Participação do decisor	Passiva, aguarda o resultado para decidir	Participativa em todas as fases
Fases	Ciclo completo	Pode interromper o ciclo
Banco de dados	Papel fundamental	Pode utilizar
Finalidade	Colaborar com o sistema de liderança institucional	Colaborar com o nível tático institucional

Estudiosos do assunto divergem quanto à conceituação de Inteligência Policial e Investigação Policial porque ambas lidam , quase sempre, com os mesmos objetos: crime, criminosos e questões conexas.

A Inteligência Policial é um suporte básico para a execução das atividades de segurança pública. Ela se enquadra no nível operacional da Inteligência, já que está voltada, principalmente, para atividades de prevenção contra ilícitos e grupos infratores. Eventualmente, age repressivamente além da adoção de medidas preventivas.

A Inteligência Policial colabora, sobremodo, na produção de provas. O seu banco de dados é um valioso instrumento para o desencadeamento de ações pró-ativas.

A Investigação Policial tem como propósito direto instrumentar a persecução penal, realiza levantamento de indícios e provas que levem ao esclarecimento de um fato delituoso. Tem a sua atuação restrita a um único evento criminal (ou a mais de um evento se houver crimes relacionados) e independe da vontade do administrador, pois está voltada para um fato consumado sobre o qual ele é totalmente impotente.

O Ciclo da Investigação Policial poderia ser assim visualizado:

- Delito (a autoridade sabe de algo);

- Levantamento (investigadores buscam indícios, provas e testemunhos);

- Análise (autoridade avalia levantamentos pertinentes ao caso);

- Captura (investigadores prendem suspeitos ou infratores);

- Produção (autoridade produz peça acusatória).

Já vimos que o Ciclo de Inteligência é linear. O Ciclo da Investigação Policial pode sofrer variação nas suas etapas, uma vez que, por exemplo, a captura pode ocorrer em qualquer das fases.

A Inteligência Policial visa a antecipar-se ao fato, enquanto a Investigação Policial surge após o fato.

Na Inteligência Policial há clara distinção entre a missão do Decisor e o trabalho dos agentes. O Decisor tem uma posição normalmente passiva durante o processo.Na Investigação Policial, o Decisor é integralmente ativo durante todo o processo, pode participar de todas as fases e interage com os seus agentes.

A confusão entre os dois conceitos decorre do fato de a Inteligência Policial e a Investigação Policial utilizarem técnicas operacionais comuns, como observação, memorização, disfarce, vigilância, interceptação, escuta, gravação, fotografia, delações, disque-denúncia, desinformação, evasiva, reconhecimento, análise comportamental, leitura da fala, recrutamento operacional e outras.

A Inteligência Policial, também chamada de Inteligência Criminal, é pró-ativa. Todo o seu trabalho é feito no sentido de antecipar-se ao delito. Infelizmente, na prática, o mesmo agente pró-ativo vira ativo e reativo porque não pode trabalhar somente nas atividades de Inteligência e torna-se , invariavelmente, investigador que participa, inclusive, da captura.

A Inteligência Policial serve a qualquer tipo de atividade e a Investigação Policial tem sua área restrita à apuração de irregularidades.

10.3 Operações Policiais de Inteligência

Estas operações estão relacionadas com o desencadeamento de atividades de Inteligência propriamente dita e de Contrainteligência, no âmbito policial.

Recentemente, com o incremento da criminalidade nas grandes cidades e com o domínio do crime organizado nas comunidades carentes, as Operações Policiais de Inteligência se generalizaram e se voltaram, também, para a repressão operacional, além da adoção de medidas preventivas.

Operações Policiais de Inteligência são conduzidas sob máximo sigilo, com efetivo bem inferior ao das Operações Policiais de Combate, contam com o apoio da população local e, principalmente, minimizam o eventual sacrifício de vítimas inocentes de reflexo altamente negativo para a imagem das autoridades repressoras. O disque-denúncia deve ser incentivado e valorizado por ser de fundamental importância para o êxito das Operações.

As Operações Policiais de Inteligência podem ser sistemáticas ou exploratórias.

As sistemáticas são mais complexas, proporcionam um fluxo contínuo de dados sobre o assunto e necessitam de recursos financeiros constantes e previsíveis.

As exploratórias atendem as necessidades prementes de dados sobre determinado assunto e os recursos são os disponíveis e não previsíveis.

As autoridades policiais vêm buscando apoio da Inteligência para subsidiar o planejamento de suas ações.

O Rio de Janeiro foi o primeiro Estado a ter uma Doutrina de Inteligência de Segurança Pública (DISPERJ).

FONTE: http://www.eacorcovado.com.br/turmas-1-4/aniversario-do-rio-de-janeiro

O projeto de implantação de Unidades de Polícia Pacificadora (UPP) em regiões carentes do Estado do Rio de Janeiro é excelente.

Com a ocupação das favelas do Caju e da Barreira do Vasco, sem ter sido disparado um só tiro, nada menos do que meio milhão de pessoas já vive em áreas pacificadas pelo governo. Entretanto, o crime organizado ainda exerce influência em muitas delas.

Algumas regiões carentes foram ocupadas mediante o desencadeamento de Operações Policiais de Inteligência.

No meio militar, prevalece o entendimento de que, na maioria das vezes, é mais difícil manter do que ocupar.

Em fevereiro de 2013, a Polícia Militar do Rio de Janeiro(PMERJ) foi muito criticada pela sua atuação no simbólico Morro da Mangueira onde foi instalada uma UPP. A quadrilha local de traficantes continuava ativa e as ações de pacificação não podiam seguir o método adotado onde os criminosos foram desarticulados. Em manchete, "O Globo" sintetizou muito bem a situação:" Uma Inteligência que chega atrasada."

A manutenção do território exige a participação da Polícia Civil- que faz as investigações- e da Polícia Federal. Não pode ser exclusividade da Polícia Militar. Para tanto, há necessidade de transparência nas ações, da superação de antagonismos entre as corporações, do término das disputas internas, do combate à corrupção e da melhoria das condições de trabalho dos policiais. Para haver eficácia nas operações, as informações devem ser compartilhadas e não ficarem, somente, à disposição de policiais que competem entre si e com seus colegas de organizações congêneres.

Não se pode priorizar o policiamento ostensivo, onde quer que seja, em detrimento das ações de Inteligência que, por sua vez, não podem ser exclusivas de uma única Força.

No caso específico da Mangueira e de tantas outras comunidades, a desarticulação da quadrilha de traficantes só será possível com a neutralização dos chefões. Para tanto, é imprescindível a estreita colaboração de todos os órgãos envolvidos na segurança pública, sem ressentimentos e antagonismos.

Capítulo 11
Contrainteligência

"Você não pode ajudar aos pequenos, esmagando os grandes."
(ABRAHAM LINCOLN)

11.1 Conceitos

FONTE: http://adefesadefaro.blogspot.com.br/2011/07/abc-como-preparar-as-coisas.html

http://blogdosargentotavares.blogspot.com.br/2012/02/cerca-de-200-kg-de-dinamite-somem-de.html

A Contrainteligência é um ramo da Inteligência responsável pela salvaguarda da instituição/organização.

Cada vez mais importante nos dias atuais, abrange dois segmentos:

- a segurança do órgão, da organização ou instituição, voltada para o pessoal, o material, a documentação, as comunicações, a informática, áreas e instalações; e
- a segurança ativa, implementada pela contraespionagem, contraterrorismo, contrassabotagem, contrapropaganda, desinformação e ações de segurança contra organizações criminosas.

A segurança da organização engloba muitas medidas passivas destinadas a **prevenir** e **obstruir** ações adversas contra o sistema institucional. Não precisa de especialistas em Inteligência. Quando apoiada por uma vigilância contratada, a chamamos de patrimonial.

A segurança ativa, mais especializada, engloba medidas de caráter ofensivo destinadas a **detectar, identificar, avaliar e neutralizar** ações adversas contra o sistema institucional. Esta aproxima-se da segurança empresarial no mundo dos negócios.

A ausência de cultura de proteção ao conhecimento facilita o acesso não autorizado e reduz a percepção das ameaças, pois informações sensíveis são buscadas quer por concorrentes quer por falsos aliados.

A sociedade do conhecimento apresenta tendências a valorizar a cultura do compartilhamento, criar conhecimento corporativo, obter vantagens competitivas e conectar ambientes com uso intensivo de tecnologia da informação. Apresenta, também, desafios como disseminar seletivamente informações, proteger conhecimentos críticos, manter vantagens competitivas, fazendo uso da Contrainteligência e da tecnologia, buscando a segurança da informação.

Posturas pré e pró-ativas são necessárias por parte de todos os integrantes do sistema, sendo essencial a criação, o desenvolvimento e a manutenção de sadia mentalidade de segurança ao longo de toda cadeia hierárquica, com o objetivo de serem obtidas atitudes favoráveis. Muitas pessoas, até mesmo da organização, não dão o devido valor à segurança.

A globalização já é uma realidade e a evolução tecnológica, a cada dia que passa, torna-se mais rápida. A instituição não pode deixar de aproveitar a situação existente. No entanto, não deve jamais descuidar da segurança. As pessoas não acreditam na criticidade da informação e não controlam o seu acesso. Acreditam que todos os usuários são honestos. Elas têm convicção de que nunca vai acontecer um desastre na organização;veem o investimento em segurança como gastos, afirmando que não haverá retorno ou que não precisam de mais nada , pois já contrataram o melhor software da atualidade.

A mentalidade de proteger a informação deve estar presente em todas as organizações, principalmente nas de maior porte.

Segurança é um assunto que "muitos conhecem" mas poucos praticam! "Em matéria de segurança, mais vale prevenir do que lamentar".

11.2 Segurança do Pessoal

As características das atividades de segurança e Inteligência exigem excelentes recursos humanos que não são encontrados facilmente no mercado além de não serem homogêneos. Administrar estes recursos não é tarefa fácil. Na realidade, não basta administrar, deve também liderar. Liderança com alto senso moral que pode inspirar respeito e confiança e, até mesmo, alcançar a credibilidade capaz de convencer os dissidentes, principalmente em situações de crise.

Segundo Mário Hecksher[14],

> a chave da liderança está na credibilidade, que é a qualidade daquele em quem se acredita. Ela brota no canteiro da confiança, de onde surge respeito .A credibilidade surge à medida que o líder comunica-se com os liderados, por intermédio de palavras e bons exemplos, obtendo o respeito e a confiança deles.
>
> Os laços de liderança estabelecidos vão se fortalecendo, à medida que os liderados identificam no líder traços de caráter e atributos favoráveis à condução do grupo dentro da situação que se apresenta. Nestas condições, o líder terá capacidade para orientar, dirigir e modificar as atitudes dos integrantes do Grupo.

O exercício do Comando, em todos os níveis, impõe a efetiva e indispensável ação dos chefes na fiscalização da execução de atividades diversas, no controle da atuação de seus subordinados e na observância da atenção aos preceitos legais e regulamentares que envolvem a realização do evento ou do fato sob sua responsabilidade.

É de plena aceitação, no dia a dia da organização, que cabe ao chefe responder por atitudes e ações que envolvam seus subordinados e que, a despeito do argumento de que o fato ocorreu à sua revelia, não o exime de sua responsabilidade como Administrador, apesar dele não possuir o dom da onipresença.

No entanto, visando a uma atitude preventiva, cabe-lhe expedir ordens e diretrizes claras e objetivas; orientar e estimular seus subordinados; fiscalizar os trabalhos realizados; e, acima de tudo, servir de exemplo para o seu pessoal.

---

14   Mário Hecksher, coronel do Exército Brasileiro, autor do livro " Precisamos de líderes" da editora da Academia Militar das Agulhas Negras.

O Administrador deve, por outro lado, dar liberdade de ação aos seus colaboradores, dentro de limites claramente estabelecidos, permitindo-lhes crescer profissionalmente e estimulando-lhes, também, no exercício de chefia de pessoas.

Sempre que possível, e particularmente nas reuniões da organização, o chefe deve dirigir-se aos subordinados explorando exemplos positivos e abordando aspectos relacionados com os atributos da área afetiva, os valores, os deveres e a ética.

A segurança de pessoal compreende um conjunto de medidas destinado a proteger a integridade física dos recursos humanos de qualquer sistema, seus valores institucionais e de seus integrantes. Deve evitar que esse conjunto seja utilizado como meio para a consecução de fins favoráveis à Inteligência de organização adversa.

O seu sucesso está associado à conscientização e sensibilização do público interno quanto às prováveis ameaças.

Esta preocupação se inicia com o processo de seleção do pessoal, prossegue com o seu desempenho funcional e, dependendo do nível da organização, não termina com o desligamento do integrante do sistema que tenha manuseado documentação e material sigilosos.

A proteção de pessoal não se limita aos funcionários e servidores orgânicos. Ela abrange os terceirizados, prestadores de serviço, fornecedores, estagiários e outros.

O processo seletivo visa a evitar a admissão de pessoas que possam comprometer a instituição ou vazar qualquer informação sigilosa. Organizações criminosas têm procurado infiltrar agentes do crime em locais diversos para consecução de seus objetivos, inclusive no meio militar.

O administrador de pessoas deve ter em mente que sua administração pode ser mais preventiva do que reativa, quebrar paradigmas ao invés de conservá-los, focar mais as soluções, sair da eficiência individual e isolamento, e buscar a eficiência organizacional.

O processo seletivo começa na descrição e na análise dos cargos previstos e existentes na organização. O selecionador deve conhecer bem a cultura e a política da empresa. Ele deve realizar uma pré-seleção dos candidatos baseada na análise do currículo e, posteriormente, na aplicação dos testes específicos para o cargo. A entrevista de seleção deve ser estruturada com antecedência para se obter as informações, em sequência, do candidato.

A investigação social e funcional tem por objetivo verificar se a pessoa possui idoneidade moral e conduta ilibada, imprescindíveis para o exercício das atribuições inerentes aos cargos integrantes do Plano de Carreiras e

Cargos da organização. Durante a investigação, obter elementos informativos de quem os possa fornecer, convocando inclusive o candidato para ser ouvido ou entrevistado, e assegurando a tramitação sigilosa.

Poderão ser realizadas diligências com vistas a verificar registros e documentos, sem prejuízo de outras investigações, e solicitados meios complementares para esclarecer fatos levantados durante o curso das investigações. Realizar, também, pesquisa nas redes sociais.

O candidato deverá preencher uma Ficha de Informações Pessoais (FIP), para fins de investigação social e funcional, devendo apresentar, na ocasião devida, certidão relativa aos assentamentos funcionais, expedida pelo órgão próprio, no caso de servidor público ou militar; certidões dos cartórios de protestos de títulos e dos de distribuição cível do município onde reside; certidão de antecedentes criminais da Justiça Federal, da Justiça Estadual, da Justiça Militar Federal e Estadual, todas do município onde reside; certidão de antecedentes criminais da Justiça Eleitoral, da zona eleitoral do candidato; folha de antecedentes criminais expedida pela Polícia Federal e polícias dos Estados onde tenha residido nos últimos 5 (cinco) anos. Serão aceitos documentos expedidos, no máximo, nos 180 (cento e oitenta) dias anteriores à data de entrega fixada . Quanto mais elevado o cargo a ocupar, maiores deverão ser as exigências.

São fatos que afetam a idoneidade moral e a conduta ilibada: habitualidade no descumprimento dos deveres de assiduidade, pontualidade, discrição e urbanidade; prática de atos de deslealdade às instituições legalmente instituídas; manifestação contumaz de desapreço às autoridades e a atos legais da administração pública e privada; habitualidade em descumprir obrigações legítimas; relacionamento ou exibição em público com pessoas de notórios e desabonadores antecedentes criminais ou morais; prática de ato que possa importar em escândalo ou comprometer a atividade de Inteligência; uso ou dependência química de drogas ilícitas de qualquer espécie; embriaguez contumaz; prática de ato tipificado como infração penal ou atentatório à moral e aos bons costumes; contumácia na prática de transgressões disciplinares; participação ou filiação como membro, sócio ou dirigente de entidade ou organização cujo funcionamento seja legalmente proibido ou contrário às disposições da Constituição Federal e ao Estado Democrático de Direito; participação em inquérito policial, envolvido como autor em termo circunstanciado de ocorrência, ou respondendo à ação penal ou a procedimento administrativo disciplinar; existência de registros criminais devidamente fundamentados; demissão de cargo público e destituição de cargo em comissão, por procedimento incorreto no exercício da função pública em órgão da administração direta e indireta, nas esferas federal, estadual, distrital e municipal; demissão por justa causa nos termos da legislação trabalhista; e existência de outras sanções aplicadas ao candidato em função de práticas delituosas.

Durante o desempenho funcional pode ocorrer divulgação acidental de fatos por desconhecimento de normas de segurança e falta de treinamento. Porém, a difusão pode ser intencional, descumprindo ordens a respeito, para obter vantagens pessoais ou exteriorizar insatisfações.

Por ocasião do desligamento, na fase da desmobilização, deve ser cumprido o Termo de Compromisso de Manutenção de Sigilo, conforme anexo I do Decreto nº 7. 845, de 14 de novembro de 2012 e nos termos da Lei nº 12.547, de 18 de novembro de 2011.

As instituições usam o referido Termo , assinado pelas partes, estabelecendo regras quanto ao uso e proteção da informação, citando a legislação brasileira sobre o assunto. O referido compromisso poderá constar da cláusula contratual.

Em todas as organizações, da mais simples à mais complexa, deverá haver treinamento e um programa continuado de instruções sobre segurança da instituição.

Nem todos terão conhecimento sobre todas as medidas de segurança ativa. Todos devem ser alertados da arte de fazer as pessoas falarem por um coletor de informações, tais como a indução e a provocação.

A indução é um processo que evita questões diretas e emprega um estilo de conversação para ajudar a reduzir desconfianças e suspeitas. Seu propósito é obter a informação desejada sem que a fonte desconfie que está sendo induzida a falar. Envolve a coleta de informações basicamente sem fazer perguntas, a não ser com razão específica como parte de seu plano de aproximação para a conversação.

A técnica da provocação pode ser tão simples como colocar uma sentença em uma conversação, ou um longo parágrafo ou uma estória curta como comentário, visando a estabelecer um clima propício para uma pergunta direta à fonte ou estabelecer uma plataforma para emprego de outras técnicas derivadas.

É dever de cada chefia zelar pelo bem-estar e pelas melhores condições de trabalho de seus subordinados, pautando suas atitudes pelo sentimento de justiça e imparcialidade. Não se admitem favorecimentos movidos por amizade ou por interesses escusos, tampouco se admitem negligências no trato de assuntos que são de competência das organizações e que possam trazer prejuízos à carreira ou à vida pessoal dos servidores e/ou de seus dependentes.

A geração de direitos indevidos, bem como o prejuízo do servidor, são fatos administrativos graves e devem merecer toda a atenção dos chefes , gerentes e diretores. Para isso, é necessário que todo servidor que esteja na rede de comando, ou que tenha sob sua responsabilidade o trato de assuntos na esfera da administração de pessoal, conheça a legislação pertinente à sua função. Uma especial atenção deve haver quanto aos prazos de entrada de documentos em órgãos públicos, de forma a não prejudicar os interessados e a não possibilitar demandas judiciais contrárias à organização.

É fator determinante para a manutenção de um bom ambiente de trabalho a forma como o servidor trata as pessoas , devendo fazê-lo sempre com educação e ponderação. Mesmo quando estiver admoestando, corrigindo falhas ou fiscalizando atividades diversas, espera-se no inter-relacionamento atenção e respeito.

Os chefes devem estimular o aperfeiçoamento profissional e cultural dos integrantes da organização. Leituras de cunho técnico-profissional e o aperfeiçoamento do conhecimento da língua portuguesa são importantes para o bom desempenho da função.

O servidor feliz no seu ambiente de trabalho irá cooperar com a segurança do pessoal, inclusive com a difusão e fiscalização espontânea das normas existentes.

11.3 Segurança da Documentação e do Material

A Segurança da Documentação e do Material compreende o conjunto de medidas voltadas para os documentos e materiais sigilosos, no sentido de evitar o comprometimento da instituição pelo vazamento de dados e de informações.

O maior foco de vazamento de informações ocorre por documentos, sejam eles registros, fotografias, correio eletrônico e/ou outros meios. O descuido nos procedimentos de segurança no trato da documentação e/ou materiais pode trazer sérios problemas para a organização.

O avanço tecnológico dos meios de telecomunicações aumentaram muito a velocidade e o fluxo de informações. No entanto, a confiabilidade dos sistemas tornou-se muito menor com graves consequências para o trânsito de documentos por esses meios, considerando os riscos de infiltração e de vazamento.

A Segurança da Documentação e do Material necessita de mudanças rápidas e modernas, a fim de proteger um dos maiores bens da instituição: seu conhecimento sigiloso ou sensível.

A Lei nº 12.527, de 18 de novembro de 2011, classifica o sigilo de informações no âmbito da administração pública federal e o Decreto nº 7.845, de 14 de novembro de 2012, regulamenta procedimentos para credenciamento de segurança e tratamento de informação classificada em qualquer grau de sigilo, ficando revogados os Decretos nº 4.553, de 27 de dezembro de 2002, e nº 5.301, de 9 de dezembro de 2004.

A vulgarização da classificação sigilosa pode acarretar graves perigos à segurança de toda a instituição, devido ao fato de alguns servidores, por desconhecimento do assunto, tratarem documentos com grau de sigilo como se fossem corriqueiros e normais.

O responsável pela produção ou reprodução de documentos sigilosos/sensíveis deverá providenciar a eliminação de notas manuscritas, tipos, clichês, carbonos, provas ou qualquer outro recurso, que possam dar origem à cópia não autorizada do todo ou parte.

Sempre que a preparação, impressão ou, se for o caso, reprodução de documento sigiloso for efetuada em tipografias, impressoras, oficinas gráficas ou similares, essa operação deverá ser acompanhada por pessoa oficialmente designada, que será responsável pela garantia do sigilo durante a confecção do documento.

Os órgãos públicos e privados podem constituir Comissão Permanente de Avaliação de Documentos Sigilosos (CPADS), com as seguintes atribuições prioritárias:

- analisar e avaliar periodicamente a documentação sigilosa produzida;
- propor à autoridade responsável pela classificação ou autoridade hierarquicamente superior alteração ou cancelamento da classificação sigilosa de documentos;
- determinar o destino final da documentação tornada ostensiva, selecionando os documentos para guarda permanente;
- autorizar o acesso de pessoas a documentos sigilosos.

Deve-se acostumar a realizar procedimentos preventivos de segurança como:

- ao retirar-se do local de trabalho por ocasião do término do expediente, toda documentação deverá ser colocada em local seguro;
- não leve documentação sigilosa para a residência;
- o lixo é uma fonte excelente de informações para os curiosos;
- destrua todo o rascunho de trabalho, usando trituradores e incineradores.

A LUCERNA, Boletim Informativo da Escola de Inteligência Militar do Exército, 02 de maio de 2004, registra que:

"A possibilidade de reconstituição de documentos impressos destruídos existe desde que foram inventadas as máquinas fragmentadoras. Depois da tomada da Embaixada dos Estados Unidos da América(EUA) em Teerã/Irã, em 1979, por parte dos seguidores do Aiatolá Khomeini, os invasores iranianos encontraram nos depósitos das fragmentadoras pedaços de documentos que foram reconstituídos com a ajuda de mulheres tecelãs de tapetes, revelando informações sensíveis que os norte- americanos em fuga pensavam ter destruído. Este episódio motivou o governo dos EUA a modernizar seus procedimentos para a destruição de impressos. Atualmente, as informações sigilosas em suporte "papel" são decompostas quimicamente e reduzidas a uma poupa amorfa. Embora grande parte das informações sigilosas esteja armazenada em sistemas digitais sob proteção eletrônica é inevitável a tramitação de dados por meio físico. Quando se coloca um documento impresso em uma fragmentadora, acredita-se, erroneamente, que o mesmo não possa mais ser recuperado. A avançada tecnologia de escaneamento possibilita a reconstituição de documentos muitas vezes considerados impenetráveis a olhos inquisidores, até mesmo páginas que foram reduzidas a pedacinhos do tamanho de confetes. Portanto, é importante que se estabeleçam procedimentos relativos à eliminação da documentação sigilosa em situações de emergência."

11.4 Segurança das Comunicações

A interceptação das Comunicações é a ação de busca de dados por meio de equipamentos adequados. A Constituição assegura o sigilo da correspondência e das comunicações telegráficas, de dados e das comunicações telefônicas, salvo, no último caso, por ordem judicial, nas hipóteses e na forma que a lei estabelecer para fins de investigação criminal ou instrução processual penal. A Lei 9296/96 detalhou os requisitos legais para a interceptação telefônica, a saber: existência de autorização judicial dada por juiz competente e operação realizada por órgãos oficiais. A quebra do sigilo das comunicações telefônicas somente se admite para obtenção de prova em investigação criminal e em instrução processual penal.

A Segurança das Comunicações compreende o conjunto de medidas para salvaguardar conhecimentos e dados, de modo a impedir ou dificultar a interceptação, análise da transmissão e o tráfego das mensagens principalmente sigilosas ou sensíveis.

Na área da Segurança das Comunicações, o trabalho está bastante desenvolvido devido aos avanços conseguidos pelos especialistas em guerra eletrônica e aos modernos equipamentos que têm surgido no mercado para proteção deste sistema. Porém, é a área que mais sofre intrusão devido ao desenvolvimento tecnológico alcançado pelos meios de escuta e interceptação. Consultando a Internet, é possível adquirir diversos e variáveis tipos de equipamentos para espionagem de redes de telecomunicações. Se esses equipamentos já se encontram em nível de comercialização, questiona-se o que deve existir por trás da cortina em países desenvolvidos em ambiente de guerra contra o terrorismo internacional.

Segundo relatórios, a agência de segurança norte-americana dispõe do sistema Echelon capaz de monitorar clandestinamente o tráfego global de telecomunicações, especificamente as transmissões de fax, mensagens de correio eletrônico e chamadas telefônicas. Ele foi criado pelos EUA com o intuito de combater o crime organizado, inclusive o narcotráfico, mas estaria sendo usado, com a colaboração de agências governamentais de outros países(Reino Unido, Austrália, Canadá e Nova Zelândia) para analisar Comunicações que representem ameaça à segurança mundial. Devido ao mistério que envolve o sistema Echelon, ele chegou a ser considerado responsável pela promoção, até mesmo, da espionagem industrial.[15]

No Brasil, a escuta telefônica passou a ser o carro chefe na Segurança das Comunicações. É um prato cheio para a mídia e deu margem à chamada "Comissão Parlamentar de Inquérito (CPI) do grampo".

A conta reversa pode fornecer data e hora de chamadas efetuadas e recebidas; tempo de duração da ligação; antena da Estação Rádio Base (ERB) em que o telefone alvo esteve residente; localização; e mapeamento.

Recebida a conta reversa , devem ser procedidas as análises quantitativa e qualitativa , bem como o cruzamento dos números que podem fornecer dado significativo à investigação.

A rede de telefonia fixa consiste em um sistema de interconexão física através de cabos metálicos ou por fibra ótica onde a comunicação entre os interlocutores de uma chamada telefônica se realiza por impulsos elétricos que percorrem centrais públicas e troncos telefônicos.

A rede de telefonia móvel consiste em um sistema de interconexão de centrais e antenas que funcionam como Estações Rádio Base (ERB) ,onde a comunicação entre os interlocutores de uma chamada telefônica se realiza

---

15   O projeto Echelon está "grampeando" o mundo, violando a soberania dos Estados e a privacidade dos cidadãos.

através da propagação de ondas eletromagnéticas entre os aparelhos celulares e as ERB que por sua vez difundem a informação para as centrais.

Em 2004, devido a disputas judiciais de duas empresas de telefonia, autoridades brasileiras dos poderes Executivo e Judiciário foram espionadas através do uso de meios ilícitos no monitoramento de mensagens eletrônicas e escutas telefônicas, sem autorização judicial.Tal fato caracterizou a fragilidade das estruturas de segurança dos poderes constituídos no Brasil, além da falta de escrúpulo diante de um irresponsável pragmatismo econômico em favor do lucro a qualquer custo e meio.

Com relação à criptografia, a segurança também é relativa. Devem ser realizadas vistorias periódicas com a finalidade de assegurar uma perfeita execução das operações criptográficas.

11.5 Segurança da Informática

A Segurança da Informática está relacionada à Segurança das Comunicações. Ambas estão intimamente ligadas à rede mundial de computadores. A Segurança da Informática é o conjunto de medidas destinado a preservar o sigilo das atividades de processamento, de transmissão de dados e a integridade dos sistemas, materiais e programas de Informática da organização.

O recrutamento de elementos para atuarem como invasores da Internet pode ocorrer nas grandes empresas e nos Sistemas de Inteligência de países estrangeiros.

Os chineses foram identificados pelo Sistema de Defesa dos EUA como os que mais efetuaram ações de invasão nas redes de computadores americanas e nas demais redes mundiais por meio da Internet.

Em maio de 2013, o Pentágono acusou a China de fazer espionagem cibernética nos EUA para obter tecnologia e vantagem em possíveis conflitos militares. Foi a primeira acusação oficial de um órgão do governo americano sobre o caso. Os chineses negam e o fato pode comprometer a relação entre os dois países. Convém registrar que os EUA detêm a hegemonia no ciberespaço dominando praticamente toda a Internet. Segundo o relatório do Pentágono enviado ao Congresso, além da China, também a Rússia, Israel, Irã e Coreia do Norte têm dado prioridade ao desenvolvimento de suas capacidades da chamada "ciberguerra."

Os crimes cibernéticos se dão através de vírus desenvolvidos por *hackers* ou pessoas mal-intencionadas, que se infiltram no sistema operacional de internautas incautos e instalam um programa espião, conhecido como *spyware*. O principal objetivo é roubar informações sigilosas do usuário, como senhas de banco e de cartões para efetuar transações financeiras ilegais.

As agências de Inteligência deverão armar seus computadores com eficientes aplicativos antivírus, anti-spam e firewall para proteger-se contra as pragas tecnológicas. Os agentes deverão criar hábitos preventivos, ficar atentos aos e-mails simulados e só utilizar sites de relacionamento e blogs quando autorizados.

Com o passar dos anos e a vertiginosa evolução tecnológica, fica cada vez mais difícil fazer face às ameaças da intrusão, razão pela qual as medidas de Segurança da Informática devem ser permanentemente atualizadas.

Não existe dispositivo de segurança que permita a utilização integralmente segura de uma rede.

Os equipamentos e sistemas utilizados para produção de documentos sigilosos só poderão integrar redes de computadores que possuam sistemas de criptografia e segurança adequados à proteção dos documentos.

A Informática e a Internet quando bem utilizadas e coordenadas, com possível grau de proteção , facilitam sobremodo os trabalhos relacionados com a Segurança Orgânica/Patrimonial e a Segurança Ativa, além de possibilitar o levantamento de incontáveis dados úteis para qualquer empresa.

As organizações, normalmente, possuem um Departamento ou Seção de Informática que expedem diretrizes a respeito da Segurança da Informática.

11.6 Segurança das Áreas e Instalações

a) Planejamento

O planejamento da segurança é feito de modo que o visitante adentre somente na dependência necessária da organização e o funcionário tenha acesso somente até o seu nível de credenciamento.

A Segurança das Áreas e Instalações compreende um conjunto de medidas voltado para os locais onde são elaborados, tratados, manuseados ou guardados conhecimentos e dados sigilosos ou sensíveis, com a finalidade de salvaguardá-los.

Aos chefes de repartições, propõe-se a adoção de medidas que visem a definição, demarcação, sinalização, segurança e autorização de acesso às áreas sigilosas sob sua responsabilidade.

A classificação e demarcação de áreas e instalações serão feitas em razão dos dados ou informações sigilosos que contenham ou que no seu interior sejam produzidos ou tratados. Este é o primeiro passo para dissuadir a aproximação de estranhos.

O ambiente deverá ser monitorado por sistemas de câmaras fotográficas com áudio. Não deverá ser permitida a entrada de pessoas conduzindo máquinas fotográficas, filmadoras e gravadores. Atualmente, aparelhos celulares fotografam, filmam e gravam.

A preocupação com a segurança tornou o trabalho do arquiteto bem mais complexo. Ele precisa, cada vez mais, atuar em equipe, recebendo auxílio não só de profissionais de segurança, mas, também, do pessoal que administrará os espaços projetados.

Quando o arquiteto projeta uma construção, ele tem de se preocupar com a parte técnica, estética, comercial, financeira, produtiva, logística, com os recursos humanos, o marketing e a segurança empresarial. A preocupação com segurança é inerente ao tipo da construção quer seja uma indústria ou uma escola, um clube ou um condomínio comercial ou residencial. Todas as edificações têm seus próprios problemas de segurança.

Assim, o trabalho do arquiteto ultrapassa a estética, a legislação e o uso das dependências, sendo necessário, também, o enfoque na segurança patrimonial nos aspectos da proteção à vida e integridade física das pessoas, na segurança à propriedade, restauração das atividades normais em caso de sinistro, segurança dos bancos de dados e sistemas informatizados da organização, climatização e cuidados na guarda e proteção de documentos e materiais sigilosos.

A área de segurança da organização deve participar do projeto desde o início até a elaboração das plantas em papel. A segurança deve ser pensada previamente e não apenas depois da construção pronta. O dimensionamento de toda segurança humana e eletrônica deverá constar do orçamento e do cronograma financeiro.

A ideia é determinar a metragem, equipamentos e instalações necessários para abrigar a estrutura de segurança como, por exemplo, paredes, janelas e portas com blindagem balística e resistentes ao fogo, além de sanitário, bebedouro e copa para os vigilantes, sem falar na parafernália de eletrônica e informática.

Deve-se projetar sala de situação para a segurança de paramédicos e eletricistas, quando for o caso.

b) Cuidados com a iluminação e sistemas eletrônicos

A iluminação deve facilitar a observação externa, isto é, de dentro para fora e, se possível, dificultar a observação para o interior da organização.

Planejar a iluminação contínua e de reforço (para ser usada em determinados momentos) nos acessos de veículos, de pedestres e de materiais.

Prever iluminação de emergência.

Avaliar a necessidade de iluminação para o circuito fechado de televisão (CFTV).

A energia elétrica deve ser suficiente para suportar os equipamentos eletrônicos nos alarmes, controle de acesso, CFTV, detectores de intrusão, sistema de detecção e combate ao incêndio.

Sempre que possível, amparar os sistemas eletrônicos por um *no-break* e um grupo gerador com partida automática. Assim, em caso de interrupção no fornecimento de energia elétrica, o sistema de segurança não para de funcionar. O arquiteto precisa ainda cuidar das forrações de pisos e paredes, analisando a absorção de luz destes materiais em relação à luminosidade para o projeto de CFTV.

Na recente tragédia em Santa Maria/RS, ficou comprovado que o forro do salão atingido pelo incêndio expeliu substância tóxica que sufocou centenas de pessoas, contribuindo, sobremodo, para os óbitos.

A iluminação LED (Light Emitting Diode) abriga um diodo emissor de luz de alta eficiência que retransmite em forma de luz quase 80% da energia aplicada, resultando em economia. As lâmpadas LED não possuem metais pesados, logo não são poluentes e não comprometem a camada de ozônio.

c) Dimensionamento físico

É preciso saber quantos acessos diários à edificação estão previstos, com suas respectivas localizações e horários de funcionamento. Com base nestes dados deve-se fazer o dimensionamento do efetivo humano de segurança e dos sistemas físicos e eletrônicos. Atenção especial deve ser dada aos acessos de pedestres, veículos e materiais, analisando as localizações e os horários. Com isto, pode-se saber o local e a forma de fechamento dos acessos, determinando as barreiras a serem utilizadas: muros, grades, alambrados, laminados, sensores e outros.

Verificar se as janelas estão em altura acessível e se precisam ter a segurança reforçada, usando gradeamento, caixilharia resistente, alarmes e segurança eletrônica.

Os locais de estacionamento de veículos devem ser planejados para os visitantes, funcionários e prestadores de serviço fixos e temporários, bem como a área para carga e descarga de carros e caminhões. Se for o caso, deverá ser previsto um local seguro para o estacionamento de carro forte.Com estas informações em mãos, será possível prever a segurança necessária para cada área, bem como o fluxo de pessoas na organização.

d) Paisagismo

Além da iluminação e do estudo das áreas construídas, o paisagismo também influi na segurança. Deve-se observar o tipo, altura e localização da vegetação, podendo-se até pensar no mascaramento da silhueta de objetos, como câmeras, e de pessoas. O paisagismo não deve interferir no circuito fechado de televisão e nem na iluminação de segurança.

e) Circulação

O arquiteto e o especialista em segurança devem pensar cuidadosamente como será o funcionamento dos elevadores e escadas de uso diário e de emergência, analisando sua localização e respectivos controles.

Os elevadores fazem parte importante não só da segurança patrimonial mas, também, do pessoal, principalmente quanto a sinistros.

Deve-se pensar quais serão as rotas de fuga no caso de incêndio, visualizando o plano de evacuação das instalações, a localização das catracas e dos botões de destrave do sistema de acesso. Citando, novamente, a inesquecível tragédia na casa de festas em Santa Maria/RS, ficou comprovado que o descumprimento destas elementares normas de segurança contribuiu para a morte de mais de duzentas pessoas.

O funcionamento interno da edificação deve ser normatizado e considerado, inclusive, o fluxo interno de correspondência(malotes), encomendas, layout interno dos andares (áreas comuns e privativas), e o sistema de fechar e trancar dependências e áreas comuns da edificação.

11.7 Medidas Preventivas

A condição de insegurança quanto à atuação da macrocriminalidade impõe o estabelecimento de medidas preventivas efetivas e a manutenção de um permanente estado de prontidão por parte de todos, e não somente pelos responsáveis pela segurança da organização e pelos executantes do serviço de vigilância das instalações.

Tentativas de roubos de equipamentos diversos e violências contra pessoal em serviço só ocorrem quando elementos do crime constatam a existência de facilidades e de falhas nos dispositivos de segurança. Logo, prevenir-se contra essas ações é a melhor forma de evitá-las.

Normalmente, os agentes do crime realizam seus ataques a pessoas afastadas e isoladas com lenta capacidade de reação, em horários críticos, geralmente no lusco-fusco ou à noite, e fazem largo emprego do fator surpresa.

Todas as organizações devem possuir um plano de segurança institucional.

Não basta existir um plano escrito. É preciso que seja constantemente atualizado, praticado e fiscalizado. O plano prevê medidas de proteção do pessoal, da documentação e do material, das comunicações e da informática, das áreas e instalações. Pode-se adicionar ao plano outras medidas tais como:

- intensificação da instrução dos vigilantes, com práticas de procedimentos de reação contra ações adversas;

- aperfeiçoamento dos sistemas de comunicações e de alarmes;
- reavaliação da localização de caixas eletrônicos, postos e agências bancárias no interior das organizações, de modo a integrá-los no sistema de segurança previsto ou adoção de medidas específicas de proteção;
- prevenção e combate a incêndio; e
- ordens fragmentadas como, por exemplo, os veículos, inclusive os de autoridades, ao passar pelos controles de acesso no interior da organização, devem fazê-lo com os vidros abaixados para melhor identificação de seus usuários.

As dificuldades orçamentárias não podem servir de justificativa para desleixo no cuidado com o material e instalações da organização. É importante que haja a conscientização de todos quanto à importância da observância das normas de segurança, aos cuidados para a preservação do patrimônio, à redução de desperdícios, e à judiciosa aplicação dos recursos disponíveis.

Capítulo 12

Sistema de Ouvidoria / Comunicação Social

"Você não pode promover a fraternidade da humanidade, admitindo e incitando o ódio de classes."
(ABRAHAM LINCOLN)

12.1 Generalidades

A Inteligência valoriza o relacionamento humano por meio de técnicas de aproximação. Ela pode integrar pessoas, ideias e fortalecer relacionamentos. As empresas vêm buscando melhorar o relacionamento humano, instalando Ouvidorias e fortalecendo a Comunicação Institucional.

As organizações podem correr o risco de imagem, mas devem fazer tudo para preservá-la. Nem tudo que é lícito, é considerado ético. Muitas ações podem trazer prejuízo para a imagem das organizações, em função da crescente cobrança por parte da sociedade em geral a respeito da transparência e conduta "politicamente correta" ou "socialmente responsável" das organizações.

A atividade de Inteligência deve ser conduzida observando os princípios éticos. Ainda existe muito preconceito da sociedade e, até mesmo, certa confusão entre as atividades de Inteligência e as ações de espionagem. Na realidade, é muito tênue a fronteira entre a espionagem e a Inteligência.

Os autores afirmam que um agente de Inteligência é capaz de encontrar 90% das informações de que a empresa necessita a partir de fontes legais e com o uso de métodos éticos.

São considerados métodos não éticos e ilegais o grampo telefônico e de e-mail, a compra ou roubo de informações e documentos sigilosos de uma organização, a mentira a respeito da sua identidade e a infiltração de pessoas nas organizações concorrentes.Entretanto, são usualmente empregados no Brasil e no mundo.

A Inteligência visa, principalmente, a antecipação de movimentos de qualquer natureza e não somente ao relato do que já aconteceu.

A Inteligência se alimenta da Comunicação Social e esta da Ouvidoria, havendo inter-relacionamento entre elas.

Os governos militares obtiveram expressivos resultados em vários campos do Poder Nacional, haja vista que em determinados anos a imprensa internacional rotulava o Brasil como o país do " milagre econômico". A implantação do FUNRURAL pode ser considerada uma das maiores obras sociais do século XX, no Brasil, beneficiando 8 milhões de trabalhadores rurais. A criação de 13 milhões de empregos, a regulamentação do 13º salário e a implantação do FGTS, do PIS e do PASEP foram grandes realizações. A criação do Ministério das Comunicações revolucionou o setor. Hoje, a EMBRAER é uma realidade e das maiores exportadoras brasileiras com conceito internacional na indústria aeronáutica.

O insuspeito Presidente Lula chegou a declarar a Ronaldo Costa Couto, "in Memória viva do regime militar", que: "Naquela época, se houvesse eleições o Médici ganhava. E foi no auge da repressão política mesmo, o que a gente chama do período mais duro do regime militar. Ora por quê? Porque era uma época de pleno emprego."

Entretanto, vários erros foram cometidos com o passar dos anos e a Inteligência nos governos militares não deu o devido valor ao meio estudantil, à Igreja, à opinião pública e à Imprensa. No campo da Comunicação Social, a rígida censura fechou as portas a qualquer boa iniciativa no setor e os Atos Institucionais selaram o seu destino. Àquela época, só havia incipiente Ouvidoria nas organizações civis de maior porte.

12.2 Comunicação Social

Napoleão Bonaparte já dizia que três jornais faziam-no tremer mais do que cem mil baionetas.

Atualmente, a opinião pública influenciada pela mídia passou a exigir uma atuação constante e permanente da Comunicação Social de qualquer organização.

Os objetivos da Comunicação Social de uma instituição são os seguintes:
- preservar a sua imagem junto à opinião pública;
- aumentar a sua credibilidade;
- sensibilizar a sociedade quanto à importância da organização para o País;

- capacitá-la para atuar como eficaz instrumento para o fim a que se destina;
- zelar pela indispensável coesão do público interno;
- dar resposta oportuna e adequada a questionamentos;
- administrar conflitos; e
- fornecer subsídios para as atividades de Inteligência da instituição.

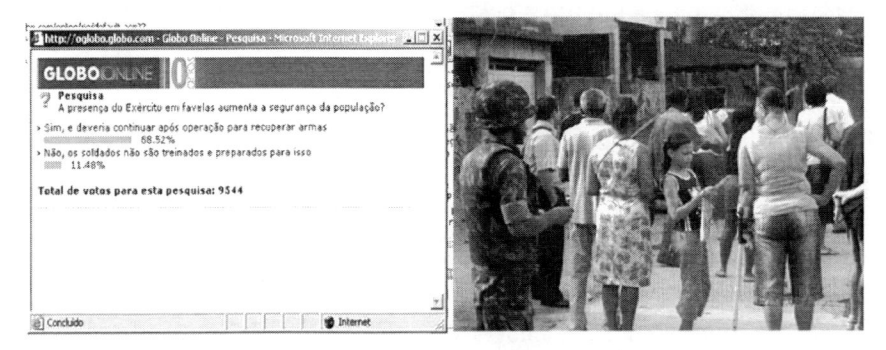

FONTE: O Globo Online

A Comunicação Social deve atuar dentro dos princípios éticos da:
- Verdade - condição essencial da Comunicação, já que inspira confiança e credibilidade;
- Impessoalidade - característica da despreocupação com a promoção pessoal ou de grupos;
- Legitimidade - respeito às Instituições nacionais, à ordem jurídica vigente e aos fundamentos morais e espirituais da Sociedade;
- Integração - convergência dos esforços de todos para um objetivo comum;
- Imparcialidade - tratamento imparcial dispensado aos diversos públicos e aos órgãos de Comunicação Social; e
- Eficiência - valorização do emprego dos recursos disponíveis, buscando o máximo rendimento.

Segundo Enza Cirelli, "endomarketing" são ações de marketing voltadas para o público interno da organização para promover a integração de todos os seus setores e compartilhar os valores e os seus objetivos estratégicos.

A integração do pessoal depende de uma divulgação eficaz da política da empresa, das normas existentes e de um treinamento eficiente.

A divulgação faz circular o planejamento estratégico da organização, reforçando a cultura e os valores, dando publicidade às metas e aos objetivos, propiciando a interação e o comprometimento de todos com a missão da empresa.

O treinamento é um excelente meio para motivar, valorizar, fortalecer a confiança e aumentar a produtividade do pessoal. É um investimento com retorno garantido de bons serviços.

A Inteligência e a Comunicação Social devem interagir, pois esta pode repassar àquela dados importantes para serem processados, inclusive, no processo da tomada de Decisão.

12.3 Ouvidoria

A criação de um Sistema de Ouvidoria ou de serviço de atendimento ao público cria um canal simples e ágil entre o público, interno e externo, e a direção da organização.

Podemos citar algumas vantagens de uma Ouvidoria:
- abre mais um canal de diálogo com o público e a instituição;
- agiliza a participação dos públicos;
- atua como uma espécie de medição contínua da imagem da instituição;
- estimula o aprimoramento contínuo dos serviços;
- possibilita a satisfação do público;
- colabora na realização da missão da instituição;
- aumenta a sua credibilidade; e
- fornece úteis subsídios para as atividades de Inteligência.

A Ouvidoria, atualmente, faz parte da Comunicação Social Institucional.

Os profissionais de Segurança e de Inteligência devem se utilizar da Comunicação Social e da Ouvidoria para esclarecer, conscientizar e motivar o pessoal em relação aos temas de interesse de tão importantes áreas.

Carlos Alberto de Lima registra a importância da Ouvidoria no seu livro "Força de Pacificação" que aborda a ocupação dos Complexos da Penha e do Alemão, no Rio de Janeiro.

> Para que a população pudesse participar ativamente do processo de pacificação, foram abertos canais de comunicação com dupla finalidade: receber queixas de desvios de procedimentos por parte dos integrantes da Força de Pacificação, além de informações e relatos da população quanto aos ilícitos que poderiam estar ocorrendo na área.Os militares que demonstrassem falta de adaptação a esse tipo de operação eram afastados da Força de Pacificação. Os raros casos de conduta inadequada foram apurados por meio de sindicâncias e inquéritos.

A Força preparou-se para receber denúncias, críticas e elogios, estimulando as ligações gratuitas para o Disque-Pacificação e a utilização do correio eletrônico, garantindo o sigilo e o anonimato.

Convém registrar que os inquéritos resultantes das operações de pacificação foram remetidos para a Justiça Federal que se encontra sobrecarregada com processos de toda a ordem. Seria mais lógico remetê-los para a Justiça Militar com maior vivência sobre o tema e em condições de propiciar decisões mais rápidas por estar aliviada nas suas atribuições, em comparação com a Justiça Federal.

Capítulo 13
Gerenciamento de Risco

"A Política é a arte de servir-se dos homens
fazendo-os crer que se serve a eles."
(LOUIS DUMUR)

13.1 Riscos

a) Generalidades

Os riscos estão presentes em todas as atividades humanas. Devemos estar preparados para enfrentá-los, evitá-los ou minimizá-los.

Com a globalização, com a competitividade das empresas e com o atual ambiente de insegurança pública, no âmbito internacional e nacional, os riscos passaram a merecer atenção especial das autoridades, dos empresários e, até mesmo, da população.

Assim, surgiu o chamado Gerenciamento de Risco que passou a ser considerado no processo decisório e que tem a sua metodologia.

Na tragédia ocorrida em Santa Maria/RS, na madrugada de 27 de janeiro de 2013, com a morte de centenas de pessoas e grande número de feridos, ficou evidente que não houve o mais elementar "Estudo de Situação de Gerenciamento de Risco." O evento na boate iria abrigar cerca de 1500 pessoas em local exíguo, sem saídas de emergência e sem plano de evacuação. Não houve observância dos mínimos princípios de segurança e o pânico agravou as consequências do incêndio que poderia ter sido evitado ou minimizado.

Em 2003, houve desgraça semelhante nos Estados Unidos da América e, desde aquela época, ficou proibido o uso de sinalizadores e de artefatos pirotécnicos em ambientes fechados. E esta foi a causa do incêndio na casa de espetáculos em Santa Maria/RS, cerca de 10 anos após.

b) Metodologia

Detalhar todos os riscos percebidos no Estudo de Situação ou enfrentados anteriormente.

Verificar a Probabilidade de ocorrência deles, atribuindo o Grau de Impacto para cada risco.

Definir o Grau de Risco, fazendo a integração da Probabilidade de sua ocorrência com a Gravidade (Grau de Impacto).

Elaborar Alternativas (Linhas de Ação) para gerenciar os riscos.

Analisar as Alternativas considerando as ameaças e os riscos de cada uma, suas vantagens e desvantagens.

Decidir pela melhor Linha de Ação.

Definir as Medidas Administrativas necessárias à implementação da Decisão.

13.2 Probabilidade

Pode ser visualizada no quadro que se segue:

VALOR	GRAU	DESCRIÇÃO
5	a) Frequente Poderá acontecer várias vezes.	• Ocorrerá frequentemente na vida do sistema. • Continuamente experimentado. • Ocorre quase sempre (91 a 100%).
4	b) Provável Poderá acontecer algumas vezes.	• Ocorrerá várias vezes na vida do sistema. • É frequente e comum. • Ocorre muitas vezes (71 a 90%).
3	c) Ocasional Poderá acontecer pelo menos uma vez.	• Ocorrerá na vida do sistema. • Ocorrerá algum dia. • Ocorre esporadicamente (31 a 70%).

2	d) Remota Poderá acontecer porém é pouco provável que ocorra.	• Improvável, mas poderá ocorrer na vida do sistema. • Raro, mas pode ser esperado. • Pode ocorrer, porém não é provável (11 a 30%).
1	e) Improvável Poderá acontecer porém não é provável que ocorra.	• Improvável ocorrer na vida do sistema. • Pode ocorrer, porém é muito improvável (1 a 10%).
0	f) Extremamente improvável A probabilidade de ocorrer é quase zero.	• Tão improvável que se pode afirmar que não ocorrerá na vida do sistema.

13.3 Grau de Impacto

O quadro seguinte permite visualizar a gravidade do risco.

VALOR	GRAVIDADE	ACARRETA
A	Catastrófica	• Perda da capacidade de cumprimento da missão da instituição. Perda da capacidade produtiva. • Morte ou invalidez permanente de recursos humanos envolvidos. • Destruição ou dano irreparável à maioria dos recursos materiais. • Danos irreparáveis ao meio ambiente. • Gera processo jurídico. • Mancha a imagem da instituição.

B	Crítica	• Significativa perda do poder de trabalho da instituição. Retenção de uma pequena capacidade produtiva.
		• Necessidade de um período de recuperação maior do que 3 meses para recompor os recursos humanos.
		• Dano reparável aos recursos materiais.
		• Dano significativo ao meio ambiente.
		• Pode gerar processo jurídico.
		• Pode manchar a imagem da instituição.
C	Marginal	• Degradação do poder de trabalho da instituição.
		• O pessoal mantém a sua capacidade produtiva.
		• Necessidade de um período de recuperação até 3 meses para recompor os recursos humanos.
		• Dano reparável aos recursos materiais.
		• Dano pouco significativo ao meio ambiente.
		• Gera processo administrativo.
		• Dificilmente manchará a imagem da instituição.
D	Desprezível	• Perda pouco significativa do poder de trabalho da instituição.
		• Manutenção de boa capacidade produtiva.
		• Os recursos humanos podem ser disponibilizados após os primeiros socorros ou pequenos tratamentos.
		• Dano sanado pela manutenção preventiva do material.
		• Causa pouco ou nenhum dano ao meio ambiente.
		• Pode gerar processo administrativo.

13.4 Grau de Risco

É a integração da Probabilidade com o Grau de Impacto do risco, visualizado no quadro seguinte.

Probabilidade / Gravidade	Frequente	Provável	Ocasional	Remota	Improvável	Extremamente improvável
Catastrófica	I	I	A	A	A	M
Crítica	I	A	A	M	M	B
Marginal	A	M	M	M	B	B
Desprezível	M	B	B	B	B	C

O risco tem as seguintes avaliações:

Inaceitável (I) – o risco é avaliado em extremamente alto quando a ameaça, concretizada durante uma atividade, pode impedir a sua realização.

Alto (A) – o risco é avaliado como alto quando a ocorrência da ameaça, durante a atividade, pode deteriorar as condições necessárias para sua realização, vindo a impedir o seu total cumprimento.

Médio (M) – o risco médio se faz presente na situação em que a ameaça, durante a operação, pode impedir o seu cumprimento dentro das condições estabelecidas.

Baixo (B) – o risco é avaliado como baixo quando não apresenta impacto sobre a realização da tarefa prevista.

Aceitável (C) – é aceitável um risco com impacto desprezível e extremamente improvável.

13.5 Elaboração das Alternativas (Linhas de Ação)

Neste item, o planejador deve elaborar Linhas de Ação para o cumprimento da missão. Deverão ser analisadas todas as ameaças e como os riscos poderão ser gerenciados. No mínimo, duas Linhas de Ação devem ser elaboradas.

Cada alternativa deverá ter respostas para os seguintes quesitos:

- O que fazer?   - Por quê ?
- Quando?   - Onde?
- Como?   - Com quem?
- Quanto?

13.6 Análise das Linhas de Ação

Este é o item cujas Linhas de Ação montadas são apreciadas e confrontadas, considerando-se as ameaças e os riscos de cada uma.

Nesta fase, deverão ser verificadas as vantagens e desvantagens de cada uma delas para servirem de subsídio ao assessoramento ao Chefe a quem caberá emitir a Decisão.

13.7 Decisão

Após realizada a comparação das Linhas de Ação chega-se a uma conclusão. O Diretor verifica qual a alternativa vencedora e se atende às suas diretrizes para o cumprimento da missão. Ele emite a sua Decisão e dá as ordens aos elementos subordinados para que sejam cumpridas.

Data da última avaliação: _____/_____/_____
Data da próxima avaliação: ___/_____/____
Grau do Risco:
Posição da Alta Administração perante o risco:
Identificação do Risco:
Prazo de ação:
Medidas:
Áreas envolvidas:
Ações:
Custo(s):
Responsável (eis):

A Decisão deverá ser clara e completa, não deixando qualquer dúvida àqueles que irão cumpri-la.

Nas ordens aos subordinados poderão aparecer, dentre outras, as seguintes prescrições:

- prazo para cumprimento da Decisão;
- determinações relativas ao pessoal, material, documentação, comunicações, informática, áreas e instalações, conforme o caso;
- normas de sigilo;
- medidas de segurança;
- custos e recursos; e
- reuniões necessárias.

13.8 Medidas Administrativas

Neste item, devem ser discriminados os custos necessários e os recursos disponíveis para o cumprimento da Decisão.

Deverá ser estabelecida uma prioridade para a locação dos recursos disponíveis segundo as diretrizes do Chefe, visando a eliminar as vulnerabilidades levantadas no Gerenciamento do Risco e a aumentar as medidas de segurança necessárias.

Capítulo 14

Mandamentos da Segurança Individual

"Você não pode ajudar aos homens realizando por eles permanentemente o que eles podem e devem fazer por si mesmos."
(ABRAHAM LINCOLN)

Atualmente, a problemática da segurança pública pode ser considerada uma das principais ameaças da sociedade.

FONTE: http://marcio.avila.blog.uol.com.br/arch2010-12-01_2010-12-31.html

Em síntese, pode-se afirmar que a finalidade precípua da Inteligência e da Contrainteligência é propiciar Segurança às instituições e aos seus usuários.

A vivência tem demonstrado que a adoção de medidas preventivas são muito mais rentáveis, sob todos os pontos – de – vista, do que as medidas repressivas.

A Segurança Individual também se vale da Inteligência e Contrainteligência possuindo inúmeros mandamentos para nos livrar das armadilhas da vida. Medite a respeito de alguns deles, abaixo relacionados.

1- PENSE e atue sempre com Segurança. Sua melhor arma está 20 centímetros acima de seus ombros.

2- OBEDEÇA aos regulamentos e às regras de Segurança. Elas existem para protegê-lo!

3- CONHEÇA o modo mais seguro de realizar sua tarefa, antes de iniciá-la.

4- INSPECIONE as ferramentas e equipamentos quanto às condições de Segurança antes de iniciar as atividades.

5- OPERE somente os equipamentos a que estiver autorizado e habilitado.

6- UTILIZE roupas e equipamentos de Segurança.

7- CONFIE sempre desconfiando.

8- DESCONFIE das coincidências.

9- MANTENHA-SE bem informado.

10- OBSERVE tudo.

11- SEJA VIGILANTE!É melhor prevenir do que remediar.

12- É UTOPIA pensar na Segurança total!

13- SAIBA que as medidas pró e pré- ativas podem reduzir o risco em até 90%.

14- PRATIQUE autocrítica nas questões de Segurança para prevenir-se ainda mais.

15- PLANEJE suas atividades por mais simples que sejam.

16- SEGURANÇA exige disciplina!

17- SEGURANÇA é um valor! Preserve-a sempre!

18- MANUTENÇÃO é Segurança! Ela assegura a disponibilidade do armamento, dos equipamentos e a integridade das instalações, principalmente das elétricas.

19- ATUALIZE-SE!

20-NÃO LEVE documentos sigilosos para residência.

21- NÃO ARMAZENE documentos sigilosos e conhecimentos sensíveis nos computadores.

22-PREVINA-SE contra o programa espião(*spyware*) no seu computador.

23-BLOQUEIE o computador ao afastar-se dele.

24- NÃO PORTE documentos originais. Utilize cópias autenticadas.

25- NÃO DEIXE anotações comprometedoras e chaves fora de casa.

26-NÃO TENHA cartões de visita na carteira, principalmente os que indiquem cargos elevados.

27-SOLICITE assessoria competente em caso de extorsão.

28-MUDE as senhas bancárias periodicamente, principalmente as facilmente dedutíveis.

29- EVITE usar caixas eletrônicos à noite.

30-NÃO ACEITE ajuda no uso de caixa eletrônico.

31- NÃO CONFIE em identificações e registros feitos em papel comum.

32- CUIDADO com as ligações telefônicas e pela Internet.

33- EVITE prestar informações pelo telefone. Ele é um companheiro infiel.

34- PREVINA-SE quanto às chamadas telefônicas anônimas ou a cobrar.

35- NUNCA forneça dados a estranhos.

36- CERTIFIQUE-SE quem é o seu interlocutor!

37- LEIA as identificações funcionais, mesmo que o interlocutor esteja uniformizado.

38- EVITE receber entregadores desconhecidos na porta de sua residência.

39- NÃO ACEITE encomendas não solicitadas.

40- ADMITA a possibilidade de receber uma correspondência-bomba.

41- NÃO TOQUE em objetos suspeitos ou estranhos. Chame um especialista!

42- EVITE resolver negócios profissionais e, até mesmo, pessoais na residência.

43- NÃO CONTRATE pessoas sem referências e sem verificar seus documentos.

44- NÃO COMENTE seus hábitos.

45- ORIENTE seus familiares quanto aquilo que não devem comentar com terceiros.

46- NÃO CHAME atenção para as suas posses.

47- NÃO DEIXE objetos de valor à mostra.

48-NÃO MANTENHA joias valiosas e moeda estrangeira na residência.

49- SEJA DISCRETO. Resista à vaidade!

50-CUIDADO com o que colocar no lixo. Ele é fonte de informações.

51- TER EM MÃOS e/ou na memória os números dos telefones de pronto--socorro (PM, Corpo de Bombeiros, ambulância, etc).

52- MANTENHA o celular em condições de uso.

53-NÃO REGISTRE no seu celular o endereço e telefones de familiares.

54-TENHA um celular no porta-malas de seu carro, principalmente se for uma pessoa visada.

55- NÃO PERMITA que crianças atendam a porta.

56-INSTRUA as crianças quanto ao uso de telefone, rádio transmissor e computador.

57-CUIDADO com as drogas, drogados e pedófilos.

58-PESQUISE o relacionamento de seus filhos com estranhos.

59-ENSINE a criança a chamar a Polícia pelo número 190 ou outro.

60-EVITE a rotina.

61- NÃO BEBA se for dirigir.

62- SELECIONE e alterne os itinerários nos seus deslocamentos.

63- VARIE os locais de abastecimento e de estacionamento nas ruas.

64- ESTACIONE seu carro em garagem vigiada e bem iluminada.

65- LEMBRE-SE de que cerca de 80% das abordagens ocorrem ao entrar ou sair do carro.

66- NÃO DEMORE ao entrar ou dar a partida no seu veículo.

67- NADA COMPRE nos cruzamentos, engarrafamentos ou paradas nos sinais.

68-EVITE pane seca nos carros.

69- COLOQUE bolsas de mão sob os bancos nos veículos.

70- MANTENHA os vidros do carro fechados.

71- FIQUE ALERTA nas aglomerações.

72- MANTENHA distância de segurança do veículo da frente.

73- NÃO REAJA às inspeções de trânsito.

74- EVITE brigas de trânsito.

75- PLANEJE com a família os procedimentos operacionais a adotar em caso de sequestro.

76- NÃO REAJA em caso de assalto. Mantenha-se tranquilo!

77- NEGOCIE prioritariamente a retirada de crianças do interior de veículos ou locais assaltados.

78- NÃO DISCUTA com sequestradores.

79- TREINE como sair de um porta-malas em caso de aprisionamento.

80- O ALVO PREFERIDO dos ladrões é a mulher acompanhada de crianças.

81- CAMINHE observando o que acontece ao seu redor.

82- NÃO SE DETENHA para prestar informações.

83- NÃO ABRA sua bolsa para dar dinheiro a pedintes.

84- FIQUE ALERTA às motocicletas ocupadas por duas pessoas, principalmente à noite e nos semáforos.

85-TENHA EM MÃOS uma caixa de primeiros socorros e saiba usá-la.

86- COMUNIQUE imediatamente qualquer acidente/incidente às organizações policiais.

87- AVISE seu superior logo que constatar imprevistos ou condições de perigo.

88- MANTENHA eficaz controle de chaves importantes.

89-VERIFIQUE a validade e as condições de funcionamento dos extintores de incêndio.

90- SAIBA MANUSEAR extintores de incêndio.

91- INSTALE sensor de alarme e circuito interno de TV em áreas vulneráveis.

92- MANTENHA seu armamento em perfeitas condições de uso e não o manuseie desnecessariamente.

93- MANTENHA armas de fogo em locais seguros e longe das crianças, empregados e familiares.

94-NÃO SE BRINCA com armamento.

95- PROCEDA SEMPRE adequadamente e evite brincadeiras durante o serviço.

96- NÃO SE ILUDA com processos e conquistas fantasiosas.

97- EXIJA de seu Síndico as condições de Segurança para o seu prédio e/ou condomínio.

98-FAÇA um rol das medidas de Segurança a serem observadas pelos empregados.

99- NÃO FAÇA inimigos!

100- AFASTE-SE das más companhias!

101-NÃO MENOSPREZE os riscos!

102-NÃO ABUSE da autoconfiança!

103- APOIE o programa de Segurança de sua empresa e participe ativamente de suas reuniões e instruções.

104- LEMBRE-SE do ditado: "a ocasião faz o ladrão!"

105- PRATIQUE outro ditado: " a pessoa prevenida vale por duas!"

Capítulo 15

Casos Ilustrativos

"Um país se faz com homens e livros."
(MONTEIRO LOBATO)

Neste Capítulo, estão registrados 12 (doze) casos que poderiam ter sido evitados ou minimizados com a atividade de Inteligência, em diferentes níveis .

1º caso

Uma instituição de ensino da Grande Florianópolis/SC possuía um professor bastante reconhecido pela dinâmica de suas aulas e que era tido, inicialmente, como *expert* em determinado assunto. Pela demora na entrega de sua documentação pessoal e, após pesquisas, foi verificado que a sua titulação acadêmica, apresentada por ocasião da contratação, era falsa.

Uma pesquisa social discreta e cuidadosa, calcada em registros de domínio público, teria permitido o levantamento do currículo do suposto professor e evitado a sua contratação.

2º caso

Uma empresa de transporte de valores do Rio de Janeiro contratou um vigilante capacitado e com toda a sua documentação em dia e legalizada. O homem conquistou a admiração dos colegas dentro da empresa, obteve acesso a documentos sensíveis e, sem ser percebido, transmitia informações para um grupo de meliantes de uma facção criminosa.

Um discreto trabalho investigativo apontaria para a contraindicação do vigilante. A Delegacia de Polícia da área onde essa facção criminosa atuava possuía fotos de seus integrantes e o vigilante aparecia armado com um fuzil AK-47. Acabou sendo descoberto ao prestar depoimento na Delegacia sobre um roubo a carro-forte.

3º caso

Uma rede de supermercados de Itajaí/SC planejou o lançamento, no final de semana, de ofertas em suas unidades. Preparou folhetos e programou o lançamento para uma noite de quinta-feira. Um concorrente levantou o que estava sendo programado e lançou um final de semana relâmpago de ofertas, apresentando sua campanha durante o dia na mesma quinta-feira. A rede de supermercados amargou elevados prejuízos pela campanha frustrada.

O estabelecimento de protocolos de segurança, com a compartimentação das informações em módulos estanques e o controle de acesso, teria dificultado ou mesmo impedido a ação adversa, por manter o mínimo de pessoas a par das estratégias.

4º caso

Um posto de gasolina situado em São José/SC contratou um frentista para a área de atendimento a clientes. O cidadão passava informações pelo celular para uma quadrilha que assaltou o posto de gasolina duas vezes. O frentista já havia sido demitido de outro emprego por suspeita de furto e já constava no Boletim de Ocorrência (BO) numa Delegacia de outro Município.

Uma pesquisa social com colaboradores da área de segurança pública levantaria esses registros e o contraindicaria para o trabalho..

5º caso

Uma empresa de tecnologia de Florianópolis/SC contratou uma engenheira, capacitada na área de softwares para celulares, para o desenvolvimento de projetos. A jovem conquistou espaços e privilégios dentro da empresa, obteve acesso a dados sensíveis e, sem ser percebida, transmitiu informações vitais a respeito de projetos desenvolvidos na corporação para um grupo concorrente.

Um discreto trabalho de Inteligência apontaria para a contraindicação da engenheira. Dados garimpados nas redes sociais de relacionamento da Internet (orkut e facebook), postados por ela mesma, continham fotos e depoimentos reveladores de sua personalidade. Essa mesma empresa de tecnologia contratou uma equipe de consultores de Inteligência que constatou o fato de a empresa de RH responsável pela indicação da engenheira ser deficiente em pessoal qualificado, e baseava seu método de seleção simplesmente na análise curricular e em dinâmicas de grupo.

6º caso

Em 1996, em Imperatriz/ MA, o Comandante de uma organização militar expediu uma Diretriz na qual foi incisivo no tocante à segurança dos paióis e reservas de armamento.

Em 22 de maio, por volta das 04:00 horas, o Comandante da Guarda do quartel caminhava juntamente a outro soldado em direção ao posto do paiol para realizar a substituição da guarda. Nesta ocasião, somente o soldado portava seu fuzil sem o carregador. Ambos foram emboscados por três marginais encapuzados, vestindo uniforme camuflado do Exército.

Nessa ação, um marginal investiu sobre o Comandante da Guarda, outro sobre o soldado e o terceiro permaneceu de arma em punho, próximo ao local, dando cobertura aos seus comparsas. Após travarem uma luta corporal, o marginal que investiu sobre o soldado conseguiu roubar o seu fuzil e os três marginais fugiram através da trilha existente na mata do batalhão. Os meliantes foram apoiados por um veículo de passeio, cor escura, saindo em direção ignorada.

Após realizar o Estudo de Situação de Inteligência, o Comandante da Unidade tomou a seguinte decisão:

Pela gravidade do fato, designou encarregado do Inquérito Policial Militar (IPM) o Subcomandante formado em Direito; solicitou a cooperação e orientação do Promotor de Justiça do Ministério Público Militar, em Belém, para que as ações de polícia judiciária militar fossem conduzidas dentro da lei; além da apuração de responsabilidades, determinou a recuperação do fuzil roubado.

Realizar as investigações dentro dos preceitos constitucionais é oneroso, mas recompensa. Os marginais usam, com frequência, os mecanismos existentes no ordenamento jurídico assim que se sentem admoestados. Na medida em que os preceitos constitucionais vigentes são observados, o Judiciário é prestigiado e, normalmente, concorda com o parecer do encarregado do Inquérito.

Sempre que possível, o responsável pelo IPM deverá buscar assessoramento junto ao Promotor de Justiça Militar , a fim de ser orientado no decorrer de seus trabalhos.

Devem ser utilizadas técnicas de entrevista que incidam sobre a área afetiva e psicológica, pois a chance dos marginais colaborarem será bem maior. O uso da força física é tudo que um advogado deseja para transformar seu cliente em vítima e, usualmente, lança mão deste recurso mesmo que não haja violência.

Durante a fase de levantamento de informes, bem como nos trabalhos realizados pelo encarregado de IPM, todos os dados deverão ser considerados até se chegar ao Parecer final.

Com o IPM, chegou-se à conclusão de que quatro pessoas participaram no roubo do fuzil, três executaram a ação com a participação de um ex- soldado que serviu de guia, patrocinados pelo quarto marginal que era pequeno empresário na cidade.

Lamentavelmente, a maioria do roubo de armas em Organizações Militares tem a participação de integrantes ou de ex- integrantes da organização.

A recuperação do fuzil, com a prisão dos marginais, teve êxito por terem sido aplicados procedimentos de investigação - com técnicas operacionais de Inteligência - e recebido ativo apoio da população. Por isso, faz-se necessária uma entrevista coletiva à Imprensa para informar e agradecer o apoio recebido.

A simbiose organização militar-população, por meio da comunicação, é sempre desejável. O Juiz de Direito da Justiça Estadual do Maranhão chegou a declarar que:

> o Comandante do Batalhão treinado para a Guerra usa a Inteligência para superar as limitações materiais da Corporação, nos tempos de paz, colocando-a a serviço da comunidade e nesta atuando ativamente em guerras devastadoras que são o analfabetismo e o abandono a que são arrastadas as crianças humildes da cidade.

Entretanto, no caso citado, ficou patente a falha na Seção de Informações do quartel já que o Comandante da Guarda não poderia fazer a rendição dos postos desarmado e nem permitir que o soldado que o acompanhava estivesse com o fuzil sem carregador.

7º caso

FONTE: Jornal EXTRA, página 3, edição de 04 de março de 2006.

Na madrugada de 03 de março de 2006, agentes do crime roubaram dez fuzis 7,62mm e uma pistola 9mmm do Estabelecimento Central de Transporte, em São Cristóvão no Rio de Janeiro.

Um assaltante mobilizou o guarda da guarita mais importante do dispositivo de segurança, por ter visão e dominância de toda a frente da área de interesse para a ação.

Logo em seguida, três assaltantes pularam o muro do quartel e passaram por uma pérgula sem serem captados pelas câmeras do CFTV. Havia pouca iluminação. Chegaram ao depósito, surpreenderam os militares, dispararam um tiro de 38 para intimidar, levaram as armas e se evadiram do local.

O Diretor do Estabelecimento havia sido informado pela Inteligência Estratégica da existência de vínculos de subordinados com moradores do Complexo do Alemão e Morro da Providência, que estes deveriam receber acompanhamento especial, incluindo-os em um rigoroso processo de desmobilização, pois avizinhava-se a data de desligamento dos soldados.

O Decisor minimizou a informação, porém seu assessor de Inteligência registrou os dados essenciais em banco de dados que foram úteis na fase reativa.

O roubo de dez fuzis torna-se de altíssima gravidade pelo fato de a arma expelir projéteis acima de 800m/s, que estraçalham o tecido ao entrarem no corpo da vítima.

Em fatos desta natureza, é preciso considerar sempre a possibilidade de cooptação de um integrante ou de ex-integrantes da organização para facilitar o roubo.

As medidas reativas para recuperar as armas são muito mais onerosas do que as pró-ativas e preventivas.

Imediatamente, deve-se informar o fato à população por meio de nota à Imprensa.

A população é suscetível a colaborar em casos semelhantes, principalmente por meio do Disque-Denúncia. Deve ser instaurado um IPM para tornar as investigações legais.

Deve ser solicitado à Justiça, mandado de busca e apreensão e quebra do sigilo telefônico dos envolvidos, realizando um minucioso Estudo de Situação de Inteligência para verificar, inclusive, se os assaltantes pertencem a alguma facção criminosa.

No caso, os criminosos eram vinculados ao Comando Vermelho.

A Inteligência operacional pode contribuir muito nas investigações, principalmente fornecendo informações existentes no banco de dados, tais como fotografia, endereço, contatos, antecedentes criminais, registros em delegacia, etc.

Após 11 dias de investigação, o armamento foi encontrado na localidade conhecida por Esqueleto, por causa de uma construção inacabada, em uma trilha perto da favela da Rocinha.

Esta grave ocorrência poderia ter sido evitada ou minimizada se as informações da Inteligência Estratégica tivessem sido consideradas e valorizadas.

8º caso

Um fato histórico ocorrido no Brasil, no século passado, comprova a deficiência do sistema de Informações e de Contrainformações das autoridades governamentais, naquela época.

Por cerca de 20 anos, de 1918 a 1938, Virgulino Ferreira da Silva, vulgo Lampião, aterrorizou o Nordeste brasileiro até ser morto e degolado por uma volante da Polícia , em Angicos, interior de Sergipe.

Até hoje não se sabe o efetivo médio de seu bando de cangaceiros . Trinta, cinquenta, cem ou duzentos homens?

Sun Tzu nos ensinou: "se nos conhecemos, mas não ao inimigo, para cada vitória sofreremos uma derrota".

E assim o foi por mais de 20 anos porque o cangaço só iria terminar em 1940 com a morte de Corisco, o Diabo Louro, o último sobrevivente do grupo comandado por Lampião.

Até hoje não se pode afirmar, com precisão, se Virgulino Ferreira foi herói ou um bandido degolador, em face das condições psicossociais da região, nas décadas de 1920 e 1930.

Vários "Coronéis do Sertão" o acoitavam e a seu bando, em troca de ajuda, segurança e, mesmo, participação nos saques.

Em 1926, o Governo Federal chegou a cooptar os cangaceiros para combaterem os rebelados da "Coluna Prestes" na marcha histórica pelo interior do País, liderada por militares na sua grande maioria.

O "Capitão" Lampião, o "Rei" do cangaço, chegou a ser chamado de o "Robin Hood" do sertão brasileiro.

Em 1991, a Prefeitura de Serra Talhada/PE, terra natal de Lampião, reforçou a polêmica e folclórica celeuma em torno do mito, ao incluir no plebiscito de 1993 quanto ao parlamentarismo ou presidencialismo no Brasil, a decisão de colocar, ou não, em praça pública, uma estátua em homenagem a Virgulino Ferreira.

A cidade, com 44.000 eleitores na ocasião, estava dividida entre o amado e o odiado Lampião. A polêmica tomou conta do Estado de Pernambuco, principalmente, e a Imprensa local combateu a iniciativa por considerá-la uma apologia ao "culto do crime".

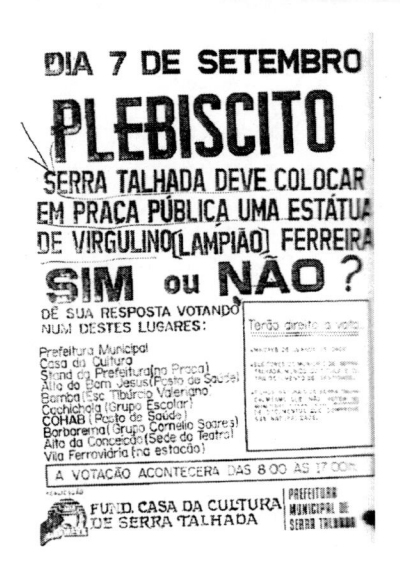

O saudoso Jornalista Juarez Conrado, estudioso do assunto, retrata de modo admirável, sob a forma poética, as façanhas e a saga de Virgulino Ferreira em seu livro "Lampião – assaltos e morte em Sergipe".

Ele encerra a sua obra com o poema sintetizado a seguir, que mostra a polêmica em torno do mito.

"..

Muita coisa já surgiu
Verdade e mentira se ouviu
Da vida de Lampião
Mas que foi um vencedor
Do sertão, governador,
Ninguém pode negar, não.

Depois que no Angico morreu
Dele ninguém esqueceu
Setenta e dois anos passados
Com poucos já acordados
Houve a carnificina
Com Lampião baleado
Maria caída ao lado
Quebrando assim a rotina.

Como disse o cordelista
Com seu gênio de contista
A viola tá chorando
Tá chorando com razão
Soluçando de saudade
Gemendo de compaixão
Mataram o Virgulino
Degolaram Lampião.

...."

9° caso

Atualmente, tem acontecido no Brasil e no mundo, grandes tragédias com repercussão internacional motivadas, na sua maioria, por falta de informações e de adoção de medidas preventivas.

Será que os governantes, os grandes empresários e, até mesmo, os síndicos de prédios e condomínios dão o devido valor aos planos de combate a incêndio e de evacuação?

O consumo de energia tem aumentado significativamente e não tem sido acompanhado por adequações na rede elétrica obsoleta, por uma fiscalização, ainda que mínima, e por legislação específica que defina responsabilidades.

Cerca de 80% dos incêndios são originários de problemas na rede elétrica.

Os imóveis velhos, com mais de 20 anos, deveriam passar por vistorias periódicas definidas em lei.

Infelizmente, não possuímos uma mentalidade de manutenção e somos influenciados por um consumismo desenfreado de eletrodomésticos e eletroeletrônicos.

O Corpo de Bombeiros não tem condições de fiscalizar as instalações elétricas de prédios antigos e não dispõe de meios adequados, em qualidade e quantidade, para combater os incontáveis focos de incêndios que ocorrem a todo momento.

As críticas exacerbadas aos governos militares contribuíram, também, para relegar a plano secundário a cultura de segurança em todos os setores.

Os hidrantes são periodicamente verificados?

As escadas Magirus são suficientes e têm a altura necessária? E as plataformas e lonas elásticas de amortecimento para saltos? As linhas telefônicas estão desimpedidas e favorecem a presteza no socorro? As corporações fazem treinamentos contínuos de mobilização, embarque e desembarque?

No que se refere ao usuário, devem ser levadas em consideração as seguintes recomendações:

- os extintores de incêndio devem estar em locais visíveis e de fácil acesso;
- devem estar na validade e serem testados periodicamente;
- as mangueiras dos prédios devem estar em perfeitas condições de uso;
- os elevadores não podem ser usados em caso de incêndio;
- devem ser previstas saídas de emergência;
- o plugue de uma tomada não pode estar conectado a mais de um aparelho elétrico ou eletrônico quando usados simultaneamente;
- devem ser instalados disjuntores residenciais em condições de aguentar amperagem maior;
- verificar se as tomadas estão capacitadas a suportar a carga de aparelhos de ar-condicionado cada vez mais potentes;
- não colocar material inflamável nas proximidades de tomadas elétricas;
- não ter cortinas sobre os aparelhos de ar- condicionado;
- não deixar velas acesas, sem supervisão, nos casos de falta de luz;
- evitar revestimentos de interiores com forros facilmente inflamáveis;
- desligar as luzes ao sair dos cômodos e dos prédios;
- retirar os aparelhos elétricos e eletrônicos das tomadas quando se ausentar do imóvel por mais de 24 horas;
- jamais ter explosivos nas residências;
- não faça "gatos" na rede elétrica e denuncie quem os faça;
- só use botijões de gás em locais autorizados e ventilados;
- desligue o registro dos botijões de gás quando não os estiver utilizando;
- cobrar do síndico de seu prédio a supervisão desta e de outras medidas de segurança.

10° caso

O Presidente Lula afirmou, reiteradas vezes, que o "mensalão" nunca existiu e que nada sabia a respeito. Acreditando nas suas palavras, somos forçados a reconhecer a ineficácia do sistema de Inteligência de seu Governo que o mantinha mal informado.

Ainda dizem que a Presidente Dilma quer extinguir a Secretaria de Assuntos Estratégicos (SAE) porque nenhum político quis assumi-la na reforma ministerial do primeiro trimestre de 2013.

Um governo mal informado não tem condições de se antecipar aos acontecimentos e de evitar ou contornar crises de graves consequências, haja vista os fatos que culminaram com o suicídio do Presidente Vargas, além de inúmeros outros casos ocorridos na vida nacional que ocupam as manchetes dos noticiários, diariamente.

11° caso

Em 08 de julho de 2013, a mídia nacional e internacional deu grande destaque ao fato de os EUA terem montado em Brasília uma base de informações por satélites que funcionou, pelo menos, até 2002. As autoridades governamentais brasileiras ficaram estarrecidas com esta espionagem denunciada pelo ex-agente da CIA, Edward Snowden.

REDE DE ESPIONAGEM

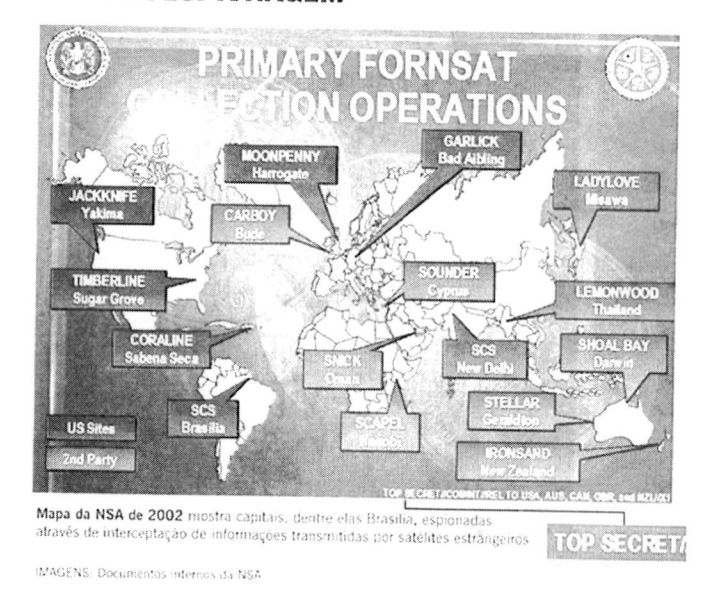

Mapa da NSA de 2002 mostra capitais, dentre elas Brasília, espionadas através de interceptação de informações transmitidas por satélites estrangeiros

IMAGENS: Documentos internos da NSA

FONTE: O Globo de 08 de julho de 2013.

Será que a radical extinção do SNI, em 1990, os estereótipos contra o Sistema e a falta de mentalidade de Inteligência, a alto nível, não teriam facilitado e estimulado este abuso contra a nossa soberania? Não pode haver amadorismo neste internacional conflito de interesses!

Em audiência no Senado Federal, o Ministro da Defesa, Celso Amorim, reconheceu que a proteção cibernética do Governo "ainda está na infância".

Há cerca de 23 anos, o orçamento das Forças Armadas em investimentos vem caindo progressivamente, o que tem acarretado a falta de operacionalidade das Forças Singulares.

A criação do Ministério da Defesa- um oneroso elefante branco- contribuiu para agravar a situação.

O Programa Espacial Brasileiro é caracterizado pelo atraso no setor de lançadores (foguetes) e de satélites.

Na última década, o Brasil não fez investimentos para desenvolver satélites próprios e evitar a dependência dos EUA quanto à captação de imagens do território nacional.

E, agora, o Governo quer saber se os norte-americanos também espionaram nossas Forças armadas e a própria Presidenta.

12º caso

Os movimentos de rua que assolaram o País em junho e julho de 2013, em busca de justas reivindicações, pegaram as autoridades governamentais completamente desprevenidas e demonstram a fragilidade de nosso Sistema de Inteligência.

"O povo unido não tem Partido" catequizou a opinião pública e os meios de comunicação, mostrou o poder das redes sociais e, mesmo sem líderes, está exigindo mudanças radicais até em hábitos com mordomias incrustados na vida nacional, deixando acuados governantes e políticos preocupados com as eleições de 2014.

Um fato desta natureza deveria ter sido visualizado com antecedência e adotadas medidas preventivas para, pelo menos, evitar atos de vandalismo conduzidos por criminosos que desvirtuam um movimento popular tão espontâneo, autêntico e justo.

Capítulo 16
Conclusão

"Porque não há nada oculto senão para ser revelado, e nada escondido senão para ser trazido à luz."
(MARCOS 4-22)

Durante a nossa existência temos que agir com Inteligência - nas suas diversas opções – para nos livrar das armadilhas que aparecem a todo instante, e de modo surpreendente e inesperado.

A vida é o maior bem da sociedade!

Na maioria das vezes, por comodismo ou desconhecimento, não usamos ou relegamos a plano secundário elementares medidas preventivas que seriam decisivas para nos proteger e evitar tragédias de consequências imprevisíveis.

O mesmo ocorre no âmbito governamental e, neste caso, deve ser verificado se houve omissão no decorrer da apuração de responsabilidades por catástrofes ou derrotas de qualquer espécie.

O Brasil ainda não se recuperou da extinção do Serviço Nacional de Informações (SNI) em 1990, haja vista a corrupção desenfreada que assola o País, as impunidades, as indas e vindas em decisões governamentais importantes pelo fornecimento de dados incompletos ou imprecisos que, também, dificultam a antecipação de providências para a solução de problemas, principalmente na área econômica e no campo psicossocial.

O SNI deveria ser integralmente reformulado, mas jamais extinto de forma traumática, motivando ressentimentos, reações e falta de continuidade no fluxo de Informações de interesse nacional e de tanta influência no processo decisório de mais alto nível do País. E os criminosos de todas as matizes souberam aproveitar esta vulnerabilidade governamental, atuando em liberdade nas suas ações deletérias que tanto afetam a sociedade.

Agora, com o aperfeiçoamento do Sistema Brasileiro de Inteligência (Sis Bin) e maior vivência da Agência Brasileira de Inteligência (ABIN) pode ser que a situação melhore. Mas, para tanto, há necessidade de haver uma mentalidade favorável à Inteligência e à Contrainteligência, em todos os escalões, eliminando estereótipos ainda existentes desde os governos militares.

É errôneo pensar que a Inteligência e a Contrainteligência só são eficazes nas guerras, no combate ao terrorismo, nacional ou internacional, e nas operações policiais. Elas estão presentes nos planejamentos governamentais de todos os escalões, nas estratégias de empresas e organizações, e até mesmo, em nossa vida diária.

No Brasil, a violência é incrementada pelo incontrolável crescimento da natalidade (às vezes irresponsavelmente estimulado por benesses governamentais), associado à fragilidade da estrutura familiar, à falta de oportunidade de emprego, às carências educacionais e ao vertiginoso aumento do consumo de drogas.

Como fenômeno social, a violência sempre esteve ligada à incapacidade de controle e/ou à omissão do Estado.

O atual sistema de segurança pública carece de recursos humanos e financeiros, em que pese a abnegação da maioria de seus integrantes. É necessário que cada organização e que cada cidadão adotem medidas preventivas para se garantirem contra os agentes do crime. Para tanto, devem ser considerados os valiosos subsídios fornecidos pela Inteligência.

A segurança total é utópica, porém as medidas pré e pró-ativas podem reduzir os riscos em até 90%. Os 10% restantes dependem da sorte e da reação dos órgãos competentes. É desaconselhável a reação do cidadão comum contra roubos, assaltos e sequestros.

As ações delituosas chegam a comprometer as atividades industriais, comerciais, o transporte de cargas e valores, o funcionamento dos colégios e o nosso direito de ir e vir, aumentando o custo da segurança, tanto pública quanto privada.

Os agentes armados do crime desafiam o Estado e chegam a constituir um poder paralelo em inúmeras localidades. Chefes de facção, embora presos, continuam a comandar ações criminosas contra a população, afrontando o poder público.

Os órgãos de segurança, a bem da verdade, procuram combater os meliantes, mas os resultados ainda são pífios se comparados ao incremento da criminalidade e ao surgimento, principalmente nas comunidades carentes, de inúmeras atividades ilegais e lucrativas.

A implantação de Unidades de Polícia Pacificadora (UPP) no Rio de Janeiro vem dando bons resultados, mas o crime organizado ainda exerce grande influência em várias comunidades carentes.

Há necessidade de as operações de Inteligência e de Contrainteligência serem intensificadas e das medidas preventivas serem priorizadas, a fim de haver maior eficácia nas operações policiais sem o sacrifício de vítimas inocentes.

O Comandante da Polícia Militar de um dos Estados da Região Sudeste fez uma assertiva que retrata muito bem a atual situação: "a polícia é forte para os fracos e fraca para os fortes".

Os militares das Forças Armadas reagem à ideia de se envolverem com a repressão à criminalidade. O País não tem, efetivamente, polícia aérea nem guardas de litoral e de fronteira.

O tráfico de armas contribui para agravar os óbices da segurança pública, já incluída no rol dos principais problemas brasileiros.

Sistematicamente, a imprensa investigativa noticia inúmeras irregularidades, contravenções e crimes que comprometem a imagem dos governos, em diferentes níveis, de autoridades policiais e, até mesmo, das Forças Armadas.

Em consequência, algo deve ser feito com urgência para a mudança do "status quo" que tanto contribui para estimular o aumento da criminalidade em nosso País.

O controle do armamento e munição existentes nas Forças Armadas e Auxiliares deve ser cada vez mais rigoroso, para impedir que sejam desviados por criminosos e militares por eles cooptados.

As armas de fogo usadas em prol da defesa da sociedade são instrumentos necessários para a manutenção da paz, mesmo quando ceifam vidas de agentes do crime. Nesta situação, os defensores dos direitos humanos podem lamentar as perdas, contudo não abominam as armas controladas e empregadas judiciosamente.

Os efetivos das Forças Armadas, da Polícia Federal e das Polícias Estaduais devem ter um crescimento compatível ao aumento da população e da criminalidade, ambos infelizmente descontrolados. Esta providência permitiria, inclusive, a instalação de novos postos de controle nas fronteiras para evitar o contrabando de armas e a entrada de drogas.

O recrutamento do pessoal deve ser mais qualitativo. Não se trata de "educar os recrutados", e sim de "recrutar os educados." Porém, a remuneração jamais poderá permanecer nos níveis atuais.

São providências inadiáveis para que haja sucesso no combate à criminalidade : o reequipamento, as mudanças na formação do policial, a motivação, o apoio dos chefes, o exemplo, o respaldo jurídico, a eliminação da banda podre da polícia, maior rigor na legislação penal, a reformulação da caótica situação prisional e a vontade política para enfrentar tão grave problema.

"Marginais não podem dispor das prerrogativas do cidadão comum."

Os apenados por crimes hediondos e sequestros não devem, sequer, gozar de abusivas regalias concedidas aos demais presos. Com autorização judicial, devem ter suas vidas vasculhadas, telefones grampeados e contas bancárias devassadas, com a finalidade de serem detectados os tentáculos de suas organizações criminosas.

A presença do Estado em comunidades carentes deve ser permanente. O Programa de Aceleração do Crescimento (PAC) deve ser intensificado, ampliado e não pode ser eventual e casuístico.

É elogiável a intenção de se urbanizarem os complexos das favelas, à semelhança do que está ocorrendo na Capital do Rio de Janeiro.

A extinção dos Centros Integrados de Educação Pública (CIEP) e dos Centros Integrados de Atenção à Criança e ao Adolescente (CIAC) representou um retrocesso na educação do País a partir de 1993. Os resultados estão aí!

O Estado não cumpre mais da metade dos mandados de prisão porque não tem locais para alojar delinquentes. Esta mão de obra disponível e de alta periculosidade encontra guarida nas facções criminosas. Segundo relatório da ONU, de 15 de setembro de 2008, apenas 15% dos homicídios ocorridos no Rio de Janeiro e em São Paulo chegam à Justiça.

O nosso sistema prisional não corrige comportamento, mas o criminoso não pode ficar impune e tem de ser retirado da sociedade, ainda que temporariamente.

Devem ser construídos novos presídios de segurança máxima. A visita prisional precisa ser revista. A legislação penal deve ser mais rigorosa com as facções criminosas. O programa de desarmamento do governo não pode atingir somente o homem de bem.

O disque- denúncia deve ser estimulado e melhor remunerado. Sem dúvida, é um dos principais trunfos para o desencadeamento de operações de Inteligência, particularmente nas comunidades carentes que convivem com o crime organizado.

O apoio da população é fundamental para o êxito das operações e da investigação policial.

É mais difícil conseguir testemunhos sobre milícias do que depoimentos sobre o tráfico de drogas.

Para evitar mal maior, é preciso AGIR com presteza e oportunidade, para eliminar as atuais vulnerabilidades tão bem exploradas pelos agentes do crime. A situação só será equacionada com muita vontade política, coragem, alocação de recursos e sem demagogia. Os governos federal, estadual e municipal devem superar suas divergências e antagonismos em proveito da segurança da população; o mesmo deverá ocorrer no relacionamento da Polícia Militar com Polícia Civil.

Lamentavelmente, convivemos em ambiente de insegurança pública e privada, onde nem as pessoas de posse , dispondo de custosos meios tecnológicos, têm assegurado o seu direito de ir e vir com tranquilidade. Muitos vivem em seus presídios domiciliares!

Diante da atual conjuntura, deve ser ampliado o papel das Guardas Municipais nas atividades de segurança pública, no desempenho das ações de polícia e, principalmente, no apoio operacional logístico às polícias estaduais. Para tanto, há necessidade de emenda constitucional, de recursos, de eficaz treinamento e de definição de atribuições para evitar conflitos com policiais civis e militares. A Guarda Municipal bem empregada poderá ser um excelente instrumento na adoção de medidas preventivas de segurança pública. Esta deve ser a sua vocação comunitária!

O Estado em tudo se intromete, mas não cumpre eficazmente o seu dever de preservar a vida, a liberdade, a integridade e a propriedade dos cidadãos.

Wilhem Von Humboldt, o grande filósofo alemão, já preconizava há mais de 200 anos que a função precípua do Estado é garantir a segurança no seu amplo sentido.

Para tanto, no âmbito interno, há necessidade do desencadeamento simultâneo de ações preventivas, em todos os campos do Poder, para impedir que os criminosos desfrutem de maior liberdade do que os homens de bem. É neste ambiente que a Inteligência e a Contrainteligência encontram fértil campo para o desenvolvimento de suas atividades.

Há bastante tempo estamos vendo no Brasil, estarrecidos, menores de idade cometendo crimes brutais valendo-se de impunidade penal garantida pela lei da maioridade. Bestificados, os vemos serem sancionados com medidas socioeducativas previstas no Estatuto da Criança e do Adolescente. Muitas vezes, servem de proteção a marginais e, gratificados, se apresentam como autores de crimes que não cometeram.

Estes criminosos mirins serão mesmo crianças ou monstros em formação?

Somente a título de exemplo, citamos a maioridade penal em alguns países:

- 7anos: Índia, Paquistão, Tailândia e Austrália;
- 8 anos: Escócia e Indonésia;
- 9 anos: Etiópia e Filipinas;
- 10 anos: Inglaterra, País de Gales e Ucrânia;
- 11 anos: Turquia;
- 12 anos: Canadá, Grécia e Holanda;
- 13 anos: Espanha, França, Israel, Polônia e Nova Zelândia;
- 14 anos: Itália, Rússia, Áustria, Japão e China;
- 15 anos: Dinamarca, Noruega, Suécia, Finlândia e Egito.

Nos Estados Unidos, a maioridade penal varia de 6 a 14 anos, de acordo com a legislação de cada Estado.

E no Brasil? Continua sendo aos 18 anos, apesar de poderem votar aos 16 anos.

Será mesmo que a Inteligência está ao alcance de todos?

A Inteligência e a Contrainteligência estão sempre disponíveis aos governantes de todos os níveis, às autoridades de diferentes escalões hierárquicos, aos empresários de grandes, médias e pequenas empresas, aos responsáveis pela condução de pessoas, aos encarregados de proporcionar segurança à população, aos chefes de família, aos síndicos e aos cidadãos comuns que têm o direito à vida e que gostariam de não ficar submissos às ações nefastas de criminosos e marginais de diferentes matizes e idades.

A opção é sua! A omissão também é crime!

Referências

ABIN. *80 anos da atividade de Inteligência no Brasil.* Disponível em: <http://www.abin.gov.br/modules/mastop_publish/?tac=80_anos_da_Atividade_de_Inteligência_no_Brasil>. Acesso em: 18 out. 2011.

ABRAIC. Associação Brasileira dos Analistas de Inteligência Competitiva. *Glossário de Inteligência Competitiva.* Disponível em: <http://www.abraic.org.br/v2/glossario.asp>. Acesso em: 12 jul. 2012.

AGÊNCIA CENTRAL DE INTELIGÊNCIA DA POLÍCIA MILITAR DE SANTA CATARINA (ACI - PMSC). Nota de Aula.2005.

ALMEIDA, Adiel Teixeira; GOMES, Carlos Francisco Simões; GOMES, Luiz Flavio Autran Monteiro. *Tomada de decisão gerencial:* enfoque multicritério. 2.ed.São Paulo: Atlas, 2006.

ANTUNES, Priscila Carlos Brandão. *SNI & ABIN:* uma leitura da atuação dos serviços secretos brasileiros ao longo do século XX. Rio de Janeiro: FGV, 2002.

BERTA, Rubem. O perigo que se esconde dentro das tomadas. *O Globo*, Rio de Janeiro, 5 maio 2013.

BÍBLIA. Português. *Bíblia sagrada.* Disponível em: <http://www.bibliaonline.net/?lang=BR>. Acesso em: 30 jan. 2013.

BRASIL. Constituição(1988).*Constituição da República Federativa do Brasil.* Brasília, DF: Senado Federal, 1988.

_____. Decreto nº3505, de 13 de junho de 2000. Institui à Política de Segurança da Informação nos órgãos e entidades da Administração Pública Federal.

_____. Lei 9883/19999 de 07 de dezembro de 1999. Institui o Sistema Brasileiro de Inteligência, cria a Agência Brasileira de Inteligência. ABIN e dá outras providências.

_____. Decreto nº55.194, de 10 de dezembro de 1964. Aprova Regulamento do Serviço Nacional de Informações. Disponível em: <http://www6.senado.gov.br/legislacao/ListaPublicacoes.action?id=18700 3>. Acesso em: 20 out. 2012.

_____.Decreto nº 4.553, de 27 de dezembro de 2002. Dispõe sobre a salvaguarda de dados, informações, documentos e materiais sigilosos de interesse da segurança da sociedade e do Estado, no âmbito da Administração Pública Federal, e dá outras providências.Disponível em: <https://www.planalto.gov.br/ccivil_03/decreto/2002/d4553.htm>.Acesso em: 19 out. 2012.

_____.Lei nº9.883, de 7 de dezembro de 1999. Institui o Sistema Brasileiro de Inteligência, cria a Agência Brasileira de Inteligência - ABIN, e dá outras providências. Disponível em: <http://www.planalto.gov.br/ccivil_03/LEIS/L9883.htm>. Acesso em: 21 jul. 2012.

CADERNO DE INSTRUÇÃO DO PROJETO LIDERANÇA DA ACADEMIA MILITAR DAS AGULHAS NEGRAS - CC.SDL.2004.

CEPIK, Marco Aurélio Chaves. *Espionagem e democracia.* Rio de Janeiro: FGV, 2003.

DANTAS FILHO, Diógenes. *Segurança pessoal.* Rio de Janeiro: Ciência Moderna Ltda, 2002.

_____. *Segurança e planejamento.* Rio de Janeiro: Ciência Moderna Ltda, 2004.

_____. *Insegurança pública e privada.* Rio de Janeiro: Ciência Moderna Ltda, 2009.

DIXIT, A.;SKEATH, S. *Games of strategy.* New York: Norto, 1999.

DOUGLAS, William; TEIXEIRA, Rubens. *As 25 leis bíblicas do sucesso.* Rio de Janeiro: Sextante/GMT, 2013.

- Doutrina Nacional de Inteligência de Segurança Pública (DNISP), 2009.

ESCOLA SUPERIOR DE GUERRA (Brasil). *Manual básico da Escola Superior de Guerra:*assuntos específicos. Rio de Janeiro: 2008. v. II.

- ESTADO MAIOR DO EXÉRCITO (Brasil). Manual de Campanha C 45-4 - Operações Psicológicas, 3ªEdição, 1999.

FIGUEIREDO, Lucas. *Ministério do silêncio:* a história do serviço secreto brasileiro de Washington Luís a Lula(1927-2005).Rio de Janeiro: Record, 2005.

GASPARI, Elio. *A ditadura envergonhada.* São Paulo: Companhia das Letras, 2002.

GLASS, Lillian. *Eu sei o que você está pensando.* Rio de Janeiro: Best Seller, 2003.

HILTON, Stanley. *A guerra secreta de Hitler no Brasil:*a espionagem alemã e a contraespionagem aliada no Brasil, 1939-1945.Rio de Janeiro:Nova Fronteira, 1983.

ISERT, Bernd.*A linguagem da mudança.* Rio de Janeiro: Qualitymark, 2004.

KENT, Sherman. *Informações estratégicas.* Rio de Janeiro: Biblioteca do Exército: 1967.

MACIAL, ElaineC.; COSTA, Alfredo J.L.; CURVELLO, João J.A. *Lícito versus ético:*como as ferramentas de inteligência competitiva podem contribuir para a boa imagem corporativa. Disponível em: <http://www.acaocomunicações.pro.br/artigo3>. Acesso em: 7 mar. 2012.

MAQUIAVEL, Nicolau. *O príncipe.* São Paulo: Martin Claret, 2006.

_____.*Da arte da guerra.*São Paulo: Madras, 2003.

_____.*O príncipe/escritos políticos:*os pensadores. 4.ed. São Paulo: Nova Cultural, 1987.

MASLOW, Abraham H. *Maslow no gerenciamento.* Rio de Janeiro: Qualitymark, 2005.

MIRANDA,Sérgio. *A eficácia da comunicação.* Rio de Janeiro: Qualitymark, 2003.

MOREIRA, Marcílio Marques. *O pensamento político de Maquiavel in o príncipe.* São Paulo: Martin Claret, 2006.

NOTA DE AULA 03.02.07/SISPERJ - Entrevista

NOTA DE AULA 03.02.08/SISPERJ - Interrogatório

OLIVEIRA, Lúcio Sérgio Porto de. *A história da atividade de inteligência no Brasil.* Brasília: ABIN, 1999.

PLATT, Washington. *A produção de informações estratégicas.* Rio de Janeiro: Agir, 1974.

PORTO, Lúcio Sérgio Oliveira. *A história da Inteligência no Brasil.* Brasília: Agência Brasileira de Inteligência, 1999.

ROBLES, Teresa. *A magia dos nossos disfarces.* Belo Horizonte: Diamantes, 2001.

ROCHA PAIVA, Luiz Eduardo. A escola do método:cem anos pensando o Exército. *Revista do Programa de Atualização dos Diplomados pela ECEME (PADECEME),*Rio de Janeiro, n. 10, p. 5-10, 1. quad. 2005.

SANTOS, THEOBALDO MIRANDA. *Psicologia da personalidade.* São Paulo: Companhia Editora Nacional, 1964.

SIMÕES FILHO, Oscar Alves. Inteligência policial, informação e gestão do conhecimento na segurança pública: livro digital; 2. ed. - Palhoça: UnisulVirtual, 2011.

SCHAUFFERT, Fred Harry e LENTO, Luiz Otávio Botelho. Atividade de inteligência: livro didático; revisão e atualização de conteúdo Oscar Simões; 3. ed. - Palhoça: UnisulVirtual, 2011.

SOUZA, Eduardo Pascoal. *Sobre as semelhanças e diferenças entre Inteligência e Investigação.* Disponível em: <http://www.forumseguranca.org.br/artigos/sobre-assemelhancas-e-diferencas-entre-inteligencia-e-investigacao>. Acesso em: 9 maio 2013.

WEISS,Donald. *Como tomar decisões difíceis.* São Paulo: Nobel, 1996.

WERNECK,Antonio. Uma Inteligência que chega atrasada. *O Globo*, Rio de Janeiro,22 fev. 2013.

TZU, Sun. *A arte da guerra.* Trad. Pietro Nassetti. São Paulo: Martin Claret, 2007.

Impressão e Acabamento
Gráfica Editora Ciência Moderna Ltda.
Tel.: (21) 2201-6662